鹿児島県で私が始めました

生パスタは自販機で

人生を楽しくする起業のヒミツ、全部書きました！

強矢大輔

みらい PUBLISHING

はじめに――起業は人それぞれ

あなたは働く時間と場所を選べているでしょうか。納得できないまま仕事に取り組んでいたり、どうしたら解決策が見出せるのかわからずにストレスを抱えていたり、なぜ今日も同じ仕事をしているのだろうかと悩んでいたりしていませんか。コロナ禍にはリモートワークが普及し、Ｚｏｏｍなどのオンライン会議で非対面ミーティングや商談をする機会が増えました。しかし、飲食店など接客業で対面が必要な現場で働く人の抱えているコロナ脅威がなくなったわけではありません。マスクの着用が個人の判断となっても、一度着けたマスクを外す抵抗がなくなるまで、一体どのくらいの時間がかかるのでしょうか。今のままでは明るい未来が見えない、自分を変えたいと思っているのなら、自分らしい働き方や理想の生活を手に入れたい方と私の体験を共有したいと考えています。

実は私はここに至るまで多くの転職と失敗を体験しています。大企業の経営者のような実績も壮絶な人生もありませんが、むしろその方が親近感を持って読んでいただけるかと思います。大企業が大きくなる前にガレージやプレハブから始まったストーリーがよくあります。すでに大きな成功をつかみ取った偉大な経営者の起業本には泥臭い部分がなく、面白いだけで実は参考になりにくいのではないでしょうか？　飽きやすくて継続性のない私が事業を始めてからの3年間、コロナ禍という外部要因に晒されながら奮闘してきた等身大の自分をお伝えするのは、何よりも参考になると考えました。

私は「生パスタ」で商品開発に取り組みました。生パスタを作るときに面白かったのは、私の内面が反映されていることに気づいたことです。生パスタへのこだわりは私のこだわりそのもの、生パスタやビジネスアイデアは私の分身だったのです。そして自動販売機という売り方は、非対面でもお客様に喜んでもらいたい日々のコミュニケーションスタイルが具現化したのだなと気づきました。自動販売機に商品を詰めるだけで楽勝のビジネスと思われるかもしれませんが、メーカーが取り組んでいない自動販売機内の衛生管理で特許の審査請求をして、それだけにとどまらない大きな広がりや可能性を作りました。飲食店で使いたい、スーパーで販売したい、近所に配りたいとお客様がやってきます。ある飲食店オーナーからは「九州一美味しいパスタ」とのお言葉もいただきました。ふるさと納税やアマゾンで販売し事業の認知度は確実に上がっています。

コロナ時代には多くの変化が起きました。「自動販売機」にも多くの変化がありました。飲料の自動販売機が撤去されていく中、多様で意外な品目を扱う自動販売機が増えました。言うまでもないことですが、自動販売機があると販売員なしで、商品の提供から決済までができます。自動販売機を置くだけで2年間に14件も取材されたのは想定外でしたが、販売員とお客様が接触しない非対面型販売として話題になりました。緊急事態宣言の5か月前から先駆けて販売をしていたのと、生パスタという組み合わせが取材されやすかったのだと思います。

また世間では、ＳＤＧｓが話題になっています。Sustainable Development Goals の頭文字をとったＳＤＧｓは「持続可能な開発目標」を意味しています。倒産しようと思って起業する人はいませんが、株式会社帝国データバンク２０２３年7月20日時点の調査によると、新型コロナウイルス関連の倒産は個人事業主を含めると全国で６２６０件、トップは飲食店の９２４件となっており、たいへん厳しい状況なのは言うまでもありません。倒産はしなくても、飲食店は感染対策に追われ、店内席が減り、営業時間の自粛へと追い込まれました。コロナ対策ができず変化に対応できなかったお店は淘汰されているのが現状です。コロナに左右されない自分らしい働き方が持続可能かどうか、私は注目しています。

オリンピック選手のような世界記録は真似できないけれど、社会生活の大抵のことは誰でも真似ができます。真似とはそもそも好意や関心にもとづく行為なので、嫌いなものを真似する人はいません。伝統芸能や伝統工芸なども魅力があり、真似できる技術だから今まで続いてきたのです。成功する方法を誰にも教えず、こっそり自分だけ実行すればいいと考えずに、真似することもされることも悪くない、むしろ後の世に残るかどうかご判断いただけるように、僭越ながら私も情報を公開することにしました。すべて話して真似されたら競合してしまう懸念についても心配していません。もし真似されて困るなら、そんなビジネスモデルを作っている自分に原因があります。真似されるから内緒にした方が良いとも言われましたが、情報公開しても困らない方法についても本書で言及します。

私が幼稚園児だったとき、食欲のない同級生のお母さんが、「大ちゃんの隣で食べさせて」とお願いに来られたことがあります。一緒に食べると私の食べっぷりに感化され、同級生は食べ始めたようです。この本では私の事業がどのように変化しているかの実体験を紹介することで、あなたがこれからどう考え決断するかの参考にしていただけるとうれしいです。一人で悩み考え込まずに、誰かに相談しづらいと思ったら、この本を読んでくださ い。きっと元気になって解決策が見つかるでしょう。インターネットで調べても見つからないコンテンツが、この本には書かれていますので、不要な失敗を避け、時間の節約と成功への近道になるでしょう。

つまり起業は人それぞれ。あなたの個性に合わせた商品と売り方がきっと見つかります。見つからない場合にはご連絡をお待ちしています。一緒に探してみましょう。

目次

2章　自動販売機で生パスタが買えると誰が想像したか　45

3章　自動販売機がメディアを連れてきた　79

4章　じゃあどうしたら私は起業できるの？　113

6章　継続しても変化しても冒険は続く　173

1章

生粋の麺職人でもないのに製麺で起業する

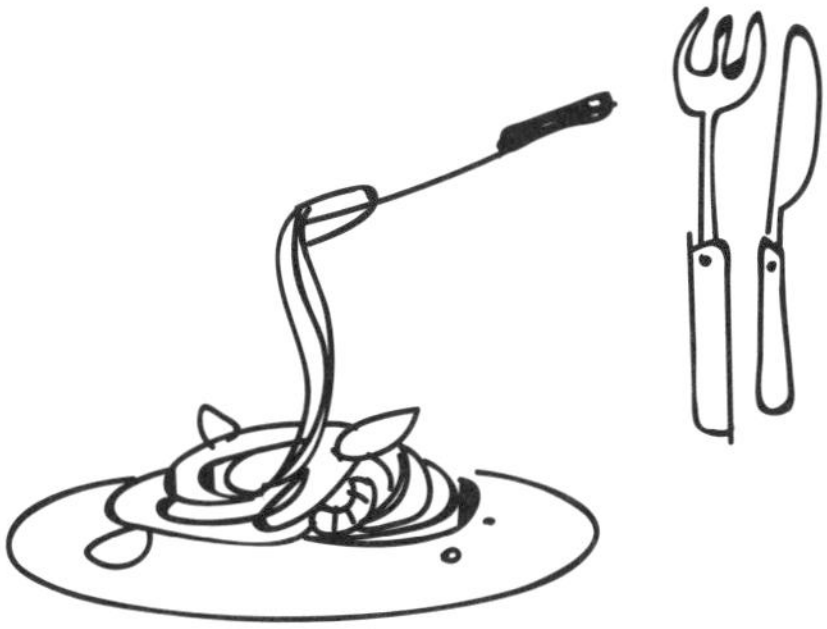

鹿児島市の西にある春山町、文字通り「山」の中で、2019年6月から4年間、一人で麺を作っています。外食であれ、おうちであれ、生パスタを通して家族が笑顔になる時間を作る、これが私の仕事です。特にコロナ禍になって、非対面型の自動販売機やふるさと納税のように、安心感を持ってご利用いただける販売方法が話題になっています。おかげで、製麺時も販売時も対面しない環境を実現することができ、感染の心配がなく、私も仕事に集中できています。

生粋のパスタ職人で麺作りだけに集中できていればよかったかもしれません。しかし起業家であり経営者である私は、麺を作るだけでなく売ることも考えなければいけません。誰が茹でても失敗しない、簡単に調理できる生パスタを、レストランのシェフや主婦をはじめ、多くの人たちに楽しんでもらいたいと、日々製麺機と向き合っています。家族が笑顔になる時間を作るために、これまでの過程で挑戦して、成功したことも失敗したことも紹介していきます。それによって、あなた自身が自分らしい働き方や理想の生活を手に入れるヒントになれれば幸いです。

○冒険の始まりはいつも最悪

45歳になった私は、40を超える職場を転々とし、広島県にある運送会社の冷凍倉庫で派遣社員として働いていました。福島県生まれなので寒さは我慢できますが、厚手の靴下にエスキモーのような防寒具をまとっても、ほっぺたが真っ赤になり足の指先がしもやけになります。仕事が終わって家に帰るとお風呂につかって冷えが抜けるまで体を温めます。

それは、各店舗に配送するためにアイスクリームケースを振り分ける作業をしているときのことでした。ケースを運ぶ背丈以上の高さの荷台がレールの途中でつっかえて止まりました。普段は立ち入り禁止のエリアに入り、止まってしまった荷台を手で押して前に出すと、引っかかっていた荷台が前に進んだのもつかの間、後発の荷台に右足が挟まれました。最初は流血の作業場となれば仕事がストップしてしまう、迷惑かけてしまうという申し訳なさの気持ちばかりでしたが、ついに我慢できなくなって「イッたーい」と倉庫内に響き渡るくらい叫んでいました。ほんの数秒のできごとだったかもしれませんが、とてつもなく長く挟まれていると感じました。死ぬときに走馬灯を見るという、時間がゆっくり流れる、そんな体験です。

挟まれた足がなくなってもいいと覚悟した瞬間、無駄な力が抜けたせいか荷台は何事もなかったかのように通り過ぎていきました。右足の感覚がありませんが、幸い足はつながっていました。自力で休憩室へ向かい、そのあと病院へ連れて行ってもらいました。足裏には親指サイズの刺し傷ができ、甲の部分に横一本レールの跡がくっきりと残りましたが、大きく腫れただけで済みました。レントゲンでも骨折は見つからず、入院の必要もありませんでした。足がなくなると覚悟していたのに、どうにか無事だったのは安全靴のおかげです。傷がふさがり回復していったものの、歩くと痛みが残りました。年が明け、怪我した右足では働けないと困っていたところ、弟から店舗を再開するため手伝ってほしいと連絡がありました。私は広島での生活に終止符を打ち、母と弟の暮らす鹿児島に向かいました。

○ 視点を変えると見えるもの

私の起業のきっかけになった弟の店を紹介すると、鹿児島県日置市伊集院町で9年間、拉麺店を営業していました。借店舗だったので、生まれる子どものために弟は自分の店舗を作ることに決めました。私が帰ったときには鹿児島市春山町に住宅兼店舗を建築中でした。店舗の内装やメニューに関しては弟の世界観で作られています。

休業中の1年間はメール配信を休んでいましたが、再スタートする1か月前くらいから、開店準備の様子をお知らせしていました。6年以上にわたり約700名のメール会員に弟は毎週配信していたので、1年以上休業していたにもかかわらず、お客様はすぐに戻ってきました。私は療養しながら開店の準備を手伝い、事故から半年後の2018年5月、拉麺店が新規オープンしました。既存のお客様や新規のお客様にご来店いただき、好調な再スタートを切りました。

私はホールの接客とインターネットを活用した情報発信を手伝いました。好調だから何もしなくていいかというと、見やすくて注文しやすいメニュー作りをしたり、誰もが仕事をしやすいように冷蔵庫や備品のレイアウトを変更したり、こまごまとやることはたくさんありました。ありがたいことに駐車場に止められないほどお客様が来店し忙しい日が続いていましたが、商品を改善してお客様の満足度を上げようと模索し始めました。

再オープンから1年後の夏、鹿児島拉麺が特集されている雑誌を眺めていました。「ふーん、この店舗は魚介系のスープなんだ」とか、「この店舗はトマトベースのパスタみたいな拉麺だな」と、特徴がわかりやすいお店もあれば、「こだわり」という一語だけで、こだわっている対象が何で、どんな特長があるのか、どこが他のお店と違うのか、1つも説明していないお店もありました。

食べに来てもらうためにオリジナルメニューを開発し続けるのは大変だなとか、そんな想像を膨らませながらページをめくっていると、どのお店も具材やスープばかり紹介されていて、麺について書かれているお店が少ないと気づきました。確かに弟もスープの出汁や調味料は簡単に手に入らない食材にこだわっています。中華の専門家なら基本的な食材にも、一般になじみのない香味を使っています。チャーシューも店舗で生肉から作っています。いっぽう拉麺店にとって毎日接している麺はあたりまえすぎて、今さら麺を紹介しなくてもわかるでしょと思っているのかもしれません。

私は接客業の経験があるので、外食すると、飲食店のホールスタッフがどんなサービスをするのかと所作言動がとても気になります。居心地のいいお店はどんな気配りをするのか参考にして、自分の仕事にも取り入れていきます。拉麺の専門雑誌は、「美味しい拉麺店はどこかな」と、お店探しに使うのが一般的です。ただ拉麺店で働いているときは、どこが美味しいかより、どんな特徴があるのか、**業界はどんなブームと傾向を持っているのか**、そんな視点で拉麺の専門雑誌も読んでしまいます。食べ歩かなくても、雑誌からお店の情報をつかんでいました。

○選択肢にない答えを作る

麺について紹介されていない、その実態を調べると、納得のいく事実がありました。具材やスープを仕込む店舗は多いが、自分で麺を作っている店舗が少ないのです。自家製麺ののぼりがあっても、製麺風景から見られる拉麺店はほとんどありませんでしたし、製麺機がガラス張りで店内に置かれている拉麺店は珍しい方です。早速、弟が仕入れている麺を調べると、製造日が1週間前で、賞味期限は1か月。保存料が使用されているため、どうしてもその匂いが残っています。

製麺メーカーは大量生産のために大きな設備投資をして、投資を回収するために大量販売をします。人を雇って大量生産しても毎日決まった量が流通するとは限らないので、乾燥させたり保存料を使ったりして保存することになります。大量生産せずに、現場の利用状況に応じて生産すれば、保存料は必要ありません。より美味しい麺を提供することにフォーカスすれば、自家製麺、麺の内製化は決定的な選択でした。「保存料を使わない麺」、これだけで、今までの麺と差別化が図れます。大量生産で長期保存させるために、美味しさの優先度が下がってしまう。そんな麺に慣れてしまっていることにも怖くなりました。同じ業界にずっといると改善ポイントになかなか気づけません。常識にそった範囲で仕事をして、新しい選択肢を考えない方が楽だからです。手打ちそばや手打ちうどんのように、拉麺店が何故麺を内製化していないのかなんて考えると日々の営業ができなくなってしまいます。何事も考えてばかりで、1つ1つ理由を知らなければ動けないとしたら、立ち止まってしまってストレスになりますし、スムーズに物事を進められなくなります。だからと言って、今のまま仕入れていた麺を使っていさえすれば問題ないかと言えば、より良いサービスの余地があるなら、改良していかないと、**旧態依然のままではいつのまにか取り残されていきます。**以前と同じ状態でいれば、他社のより良いサービスや商品によって、自社の業績が落ちていくのはごく自然な成り行きの1つです。

私も新しい業界に入ると、最初は常識やルールを守ろうと努力するのですが、いくつもの選択肢を思いつくと、やってみないと気がすまない性格みたいです。今までやってきたことを変えようとするのですから、結果的に人の言うことを聞かなくて、面倒な人と思われることもありました。しかし既存の業界の常識という枠を取り払い、今までの問題点を浮き彫りにした提案をして、うまくいったこともありました。納得できないのに我慢をすると、後悔の気持ちは大きいみたいです。自分の中に提案を押し込める選択をして、心の自由がなくなるくらいなら、私は理解を得られないとしても納得のいく方を選びたい性分です。

○課題解決はあなたが主人公になる瞬間

私は弟に、この店の今後と課題について話をしました。今のまま続けていたら、ほかの店舗と同じく、次第にお客様が減っていくよと話しました。麺の発注ロットが90単位でしたが、いつも注文数で90玉にするか180玉にするかの判断が難しかったのです。弟も仕入れを読み間違えて、麺が売り切れて早く店を閉める日がありました。麺がなければ営業チャンスを失い、売上が下がります。そこで自家製麺の導入という方針になりましたが、弟は仕込みだけで精一杯。では誰がやるか？　言い出しっぺの私が作ることになりました。

弟の要望はただ一つ「現状の麺と同等の麺」を作ることでした。今よりも美味しい麺を作ることではありません。せっかく新しい麺に切り替えるのだから、美味しい方がいいのではないかと思うかもしれません。同等の麺を作る意味は、まず今まで提供してきた麺がお店のイメージする麺であったこと、次に今まで慣れ親しんでいるお客様は大きな変化を望んでいないことです。まったく同じものでなくても、まず既存の状態をクリアしてから変化し改善していくスタンスを取りました。もっと美味しくなるからという理由で商品を切り替えたとしても、それはお店の都合であって、以前の麺が好きだったお客様に受け入れられる保証はまったくありません。

　ここまで弟の店舗を手伝っていた経験があるからこそ、弟は何ができていなくて、弟の何を手伝ったら目に見える結果を出せるのか、弟の強みと弱みに私は気づいていました。弟自身は麺を作ることができず、自家製麺という手段を持っていないことが弱みです。だからこそオリジナルの麺があれば強みになると想定しました。オリジナルの麺に10年前から取り組めていたら、もっと早く繁盛していたかもしれませんが、今こそ自家製麺にシフトする機が熟したかのようでした。店舗の雰囲気、スープや具材が出来上がってきたからこそ、次なるこの課題に取り組めたのでした。

　私の好きな映画の1つに、「パッチ・アダムス」という道化師の格好をした医師の物語があります。主人公には自殺願望があり、雪の中、精神病棟へ向かう絶望のシーンから始まります。ですがコーヒーがにじみ出ているコップの穴をシールでパッチしたあと、彼は気づいたのです。誰も気にしないふりをしてきた課題を解決できるのは自分だということです。彼は精神病棟で生活する名もなき患者たちの1人でしたが、自分の意思で病気は治ったからと退所します。それから医療行為を通して笑いを届ける医師を目指すようになりました。私の起業イメージのヒントはここにあります。

　もしあなたが起業しようとしたら、今働いている会社の**困っていることやできていない**

ことで、役に立つことを探してみてはどうでしょうか。大抵は困っていたり、できていなかったりしても、そのままで手つかず、気づいていても放置されていることが大半です。ほかの誰もが手を出せないビジネスチャンスに気づけるのは、社外のコンサルタントではなく社内で働いているあなたです。社長はお金を持っているので、社長の事業を助けると社長は喜んでお金を払ってくれます。お金を払ってもらった実績が外部に伝われば、同じ課題で困っている人があなたを見つけて、喜んでお金を払ってくれます。私が起業できたのは、潜在的に困っていた弟の課題を見つけたからです。

○銀行融資担当者が一番に聞きたいこと

こうして私は飲食店店主である弟に最初の取引先になってもらい、起業のための情報を集めました。肝心の弟の拉麺作りですが、製麺機メーカー大和製作所に既存品を参考に試作品を作ってもらいました。鹿児島拉麺特集の雑誌を読んだ夏から4か月後のことでした。ちなみに大和製作所は全国放送の番組で取り上げられるほど麺づくりに対する知見を持っています。

小型製麺機を購入するには250万円が必要だったので、銀行融資を検討しました。事業計画書を作り、融資の相談の席で、熱い思い、過去の実績、未来の計画ばかり話していきました。「それで、おいくら返済できますか」と銀行の融資担当者から質問されたとき、言葉に詰まりました。毎月いくら返済するかは、融資担当者が見積もると思っていたからです。融資担当者が何を一番に聞きたいのか、私は初めて感じ取りました。いろんな融資の本を読んで予備知識を持っていても、一回の銀行面談で思い知らされたのです。融資担当者が聞きたいのは、**毎月いくら返済できるか**なのです。

うかつにも一番大事な返済計画を話さずに、融資担当者の立場になって事業計画書を作っていなかったと気づきました。日を改めて出直しました。返済計画を第一にと考えて事業計画書を見直すと、今度は返済の裏付けとして、熱い思い、過去の実績、未来の計画が必要になってきます。単なる返済計画だけでは裏付けがありませんし、毎月いくら返済できるかも具体性を帯びていません。毎月の返済額を具体的に補完できるように、熱い思い、過去の実績、未来の計画を説明できれば、融資担当者は安心します。

逆に、数字のような具体性がなく、熱意だけで「返済するからお金を貸してください」と相談されても、融資担当者はお金を貸していいのか不安になるでしょう。返済計画の実現性がより高いと判断されるよう、計画書に必要とされるその他の項目を返済計画とリンクさせて書くと、融資担当者への説得力が格段に上がりました。

そもそも私は誰よりも多くの転職を繰り返していたので、万事において飽きやすいと判断されがちです。同じ会社で長く働いた勤務年数という実績がなく、継続性において信用できないというわけです。その通りなのです。銀行融資を受けるときに、転職の多さはマイナス評価になります。起業しても長続きしないのではないかという懸念を銀行の融資担当者に与えていたことと思います。

それでも融資が下りたのは、10年にわたって事業を続けてきた弟の実績があったからです。毎月の麺の使用数も過去の実績から算定できますし、売上が初月からあるので、返済原資を具体的に説明できました。拉麺店の麺の内製化とか、自家製麺によって当面の売上が立つとか、麺の品質が良くなることも、今後の売上が伸びることさえ、銀行の融資担当者にとって、二の次という印象を受けました。

2年前の大怪我による保険金が入金され、当座の生活費を確保し、地方銀行と日本政策金融公庫から半分ずつ融資を受けました。6平方メートルのプレハブ、1時間に100玉製麺する小型製麺機、それと1000玉を一時保存できる冷蔵庫を手に入れました。3回試作してから正式に麺を卸しましたが、安全で誰でも操作しやすい製麺機です。弟に試作品の品質に納得してもらい、切り替えの了承をもらいました。これで弟は今の仕事量を増やさずに、いつも保存料を使わない美味しい生麺が使えるようになりました。

○いかにして生パスタにたどり着いたか

麺づくりで弟の課題解決に取り組むと、1店舗分の製麺に要する時間は1週間に6時間程度、1か月にすると24時間で足りてしまいました。起業して3か月目で、中華麺作りも軌道に乗り、時間を持て余してきました。高額な製麺機をもっと有効に活用するには、もっといろいろな麺を作って販売しようと、新しい麺探しが始まりました。中華麺はすでに弟に提供しているので、候補から外しました。うどんは全国に有名なチェーン店があり、日本人好みで、うどんつゆとの組み合わせなど食べ方がある程度イメージできてしまい、課題と新しさを見出せませんでした。そばは手打ちそばの店舗が近くにありました。しかしそば粉を同じ製麺機で扱うと、拉麺に混入する恐れがあります。そばアレルギーがあるけれど拉麺を食べたい人に提供できなくなってしまいます。またグルテンフリーの商品を製造すると、やはりアレルギーの問題で、同じ製麺機で通常の小麦粉を扱えなくなります。残ったのがパスタです。

小さい頃から私もパスタを食べていましたが、思い起こせばいつも乾燥パスタを食べていたのです。乾燥パスタこそパスタだと思っていましたが、生中華麺が自分で作れるようになると、パスタは生パスタもあるのではないかと思い至りました。本格生パスタの現状は高級品、ほとんどが高価格路線であり、毎朝ご飯やパンを食べるようなふだん使いの商品ではありません。そこで親近感がもてるような生パスタを作りたくなりました。

パスタの現状に不満がある、それは贅沢な不満かもしれません。でも製麺機を持っている自分なら解決できる、必ずしも誰もができることではない、**自分だからできる、じゃあやろうかな**というわけです。同じ悩みや不満、美味しいパスタを食べたいニーズはきっとあると信じました。私よりもグルメな人ばかりと仕事を一緒にしてきたので、私よりも生パスタを求めている人がいると確信していました。さらに私の生活する鹿児島市春山町には生パスタを提供する店がありません。生パスタを食べたいと思ったら、片道30分、往復で1時間かけて市街地までドライブしないと食べられません。もともとないものだからニーズがあると考え、私は生パスタを起業のテーマに決めたのです。

○ 生パスタ麺はまだまだ未開拓

日本ではパスタといえば、断面が丸い形状をした乾燥麺のスパゲティの名称の方が親しみやすい方もいるのではないでしょうか。スパゲティは数あるパスタの中の1つです。パスタは、マカロニやラザニアなど、麺以外の形状も広く含む総称です。外食すると、拉麺では、麺の形状やスープの原材料が店舗ごとに個性豊かであるのに対し、日本のパスタは乾燥パスタばかりで麺の形状よりもソースで個性を出している印象があります。もしもパスタの麺を熱く語る人がいたらごめんなさい！　全体でみれば、拉麺、うどん、そばに比べて、日本人にとってのパスタ麺はまだまだ未開拓で開発の余地がたくさんあると感じます。さらにおうちで食べるパスタは乾燥パスタが主流です。ということは、おうちで食べる生パスタこそ、**エスキモーに氷を売るように**、誰もがよく知るパスタに対し、開拓可能な隠れた市場だと感じました。

それから仮説が正しいか裏付けを取るためのリサーチ開始です。グーグルで「製麺所」を検索して、日本全国で生パスタの製造と販売がどのように取り組まれているか調べました。ときには実店舗の小売店や通信販売で気になった生パスタを購入して試食しました。通販で手に入る生パスタは冷凍で届きました。有名なホテルやレストランで使われている実績がありましたが、なぜこの商品が売れているのか、付加価値を加えられるかどうか、過剰なサービスがあれば外せるかどうか、味だけでなく、同封物や箱の形状など、届いた商品のすべてを検討しました。そんなふうに冷凍パスタが売れるなら冷蔵生パスタもきっと需要があると考えました。

おがくずに包まれたまま生きた海老が北海道から東京に届く時代です。現代は流通の仕組みがよくなり全国どこでも1~3日で届けられます。スポーツ観戦、コンサート、美術鑑賞などでもわかるように、実際に目の前で体験することほど本能に響くコンテンツである、というのは昔から変わりません。「生」を伝えることは、「本物」を伝えることと同じです。私の生まれた福島県双葉郡の浪江町には請戸川《うけど》があり、秋に鮭が戻ってきます。私が小さい頃、母は水揚げされた大きな鮭の中から卵を取り出して自家製のイクラ漬けをたびたび作ってくれました。「生」イクラが美味しいと知ると、冷凍イクラとの違いもわかります。生パスタも同じように、冷凍ではなく、冷蔵で全国に届けたくなりました。冷蔵で10日の賞味期限があるパスタを誰もやっていなかったのでやってみようと思いました。冷蔵生パスタの冷蔵販売が受け入れられなくて失敗したとしても、試さないままモヤモヤする生き方はしたくありません。やらなかった方の後悔に比べて、やってみて駄目だとわかった方が前に進んでいて好きです。

誤解を避けるために補足すると、冷凍が悪い・駄目という意味ではなく、旬の魚や取れたての野菜を冷凍するのはもったいない、そんな気持ちです。産地の製造者として最高に美味しい状態で届ける努力をしたいと思います。ただし、もしも届いた生パスタを期限内に食べきれないときは冷凍していただくようお願いしています。

ちなみに私の生パスタは茹で伸びしない特長があります。弟は拉麺の提供時間にとても厳しく、自家製麺に切り替える前はすぐお客様のテーブルに届けるようにと神経質でした。しかし、麺を内製化してからは、あまり急がなくなりました。というのも、麺が茹で伸びしにくくなったからです。すべてのお客様が早く食べる人ばかりではありません。お子様連れのお父さん、年配のお客様、会話を楽しみながら食べたい女性客にとって、茹で伸びしにくい麺はより長く美味しい時間を楽しめます。茹でてから10分経ったパスタだけど麺がしっかりしていたとか、中学生の娘のお弁当をパスタや中華そばにしたとか、お客様からそんなうれしい声をいただくことができました。

○パスタを知れば知るほど魅力が増える

パスタを知れば知るほど、わからないことが増えていきます。イタリアでは各家庭に自家製パスタのレシピがあり、麺だけでも数百種類あると言われています。数百種類の麺と各家庭のオリジナルソースを掛け合わせると、朝昼晩と三食パスタを食べ続け、一生をかけてもすべての種類のパスタを食べることはできません。宇宙の果てを探し求めても宇宙の果てが広がっていくように、パスタを探し求めても終わりは見つかりません。だから、すべてやろうとか、完成させようとか、完璧主義に陥らなくてもいいのです。

後世にやり残しを作っておくぐらいのスタンスで取り組む程度が楽しいと思います。やりきることはできないから永遠に冒険できるパスタは、事業を継続するうえで、この上なく、終わりの見えない強力なコンテンツなのです。小麦粉がダイヤの原石なら、パスタ職人はダイヤのカット職人。カットによってどのようにもダイヤの原石は変化します。なんとなくパスタの楽しみ方がわかってきましたでしょうか。パスタを語ると、止まらなくなってしまうので、概略の部分にとどめて紹介します。

まず原料で分類すると、そば粉はそば、米粉はビーフン。小麦粉で作られるのが中華麺、うどん、そしてパスタです。よくパスタにはデュラム粉が使われるという話を耳にされるかと思いますが、市販の乾燥パスタに関してはデュラム粉を使用することとなっているだけです。

デュラム粉とは、小麦粉の一種で、小麦粉と比べて色が黄色く、着色料を使わなくても黄色くなります。硬質系の小麦粉なので、プリプリした食感のパスタになります。デュラムセモリナの「セモリナ」は粗びきという意味です。イタリアの法律では乾燥パスタに関してはデュラム粉を１００％使わないとパスタと呼んではいけないというルールがあります。

国内で業務用デュラム粉を手に入れるとしたら、日清製粉や日本製粉の製品があります。海外から輸入した原料を国内で製粉しています。デュラム粉の原料の生産地は、中東、西ヨーロッパ、北アメリカ、北アフリカです。ウクライナ情勢と切っても切り離せない産品で、それこそ本書執筆中の2022年秋、小麦粉の高騰がニュースになりましたが、確かに小麦粉の値段は上がっています。

純国産のデュラム粉と言いますと、2016年に日本製粉と農業・食品産業技術総合研究機構が「セトデュール」を開発しました。初の国産品種が兵庫県で100トン以上生産されています。日本でパスタの原料が作られたばかり、まだまだ黎明期で、これから日本のパスタがどのような発展をしていくか楽しみです。

次に配合ですが、いろんなパスタのレシピを調べると小麦粉と水のほかに、卵、塩、オリーブオイルの3つを使っているのが目立ちました。オリーブオイルを使う理由は香りですが、試作してオリーブオイルは外しました。オリーブオイルはイタリアの文化であり、日本のパスタに絶対必要かと言えば、必要ないというのが私の考えです。卵は火を通すと固くなる性質があり、麺の噛み応えを生み出します。塩は麺に下味をつけるために使います。乾燥パスタ商品裏の表示を見ていただくと「デュラム粉のみ」と書かれています。ですからパスタは塩茹でするのが常識でしたが、最初から塩が配合されている生パスタは塩茹でする必要はありません。生パスタでも生産者によっては塩が配合されてない場合もあるので、食品表示で確認して塩茹でして下味をつけた方がいいか判断されるといいです。

イタリアの家庭で生パスタを作るときはデュラム粉でなくても、薄力粉、中力粉、強力粉を使って自由に麺を作るそうです。生パスタに関してはどんな粉を使うかという明確なルールがありません。それでもパスタと呼ばれるもの、これはパスタと呼んでもいいとされる集合知があります。答えが1つではないからこそ、どなたでも自分好みのパスタを選択できる自由があります。

パスタソースより魅力の強い麺であっても、魅力の弱い麺でもいけないし、バランスの取れた生パスタというと、聞こえが良くて一見特徴のない麺と思われるかもしれませんが、お客様の求めるクオリティを満たして、どんなソースを作ろうかとシェフの想像力を刺激するようなパスタを日々作りたいと思っています。

そんな自由度の高いパスタですので、もちろん話題になるには目立つポイントが大切です。とはいえ単に奇抜性だけでパスタを作ろうとも思いません。たとえば、奇抜性の高い衣装だけでなく、伝統的、古典的な衣装にも合わせられる自由度の高いファッションモデルって、私はすごいと思っていて、奇抜性がなくても、どんなパスタソースにも合わせやすいパスタを提案しています。もちろん飲食店からリクエストがあれば、お店用にアレンジしています。**短期的な成功で話題になるより、長く愛されるブランドでありたい**です。

○ベストはベターに負ける

原材料や配合に続いて、製麺工程、保存方法を1つずつ決めていき、パスタは出来上がります。自動販売機で販売している麺は2種類、1・8ミリ幅の丸麺スパゲティと6ミリ幅の平麺フェットチーネです。ありがたいことに、お取引していただいているパスタ飲食店は皆さん自動販売機でこっそり試食して、自分の店舗のソースに合うように、夏限定で1ミリ幅の丸麺を作ってほしいとか、もう少し固さを足してほしいとか、オイル系のソースに合うようにざらざら感を出してほしいとかご要望をくださいます。どの麺も正解だと思います。

私は言われた通りに麺を作るだけなのですが、お客様のイメージしている麺ができたときはこれもまた、とてもうれしいものです。奇をてらわずに、たたき台の基本となる麺を販売することで、見た目、固さ、ソースとの絡み具合を調整することができます。うちの製麺所はこれくらいのクオリティの麺が作れますということを見せるだけで、先方から「こんなことはできますか」と相談されるので、要望に沿って適宜カスタマイズしています。初めからオリジナル商品の開発に固執しなくても、バリエーションは広がっていくものです。

ベストな商品を作ろうとしてもベストな商品はできません。ベストな商品を作っても、お客様が満足してしまうと飽きられて、忘れられるのが常です。お客様に飽きられないのは、完成されて時の止まった商品より、日々ブラッシュアップされるような商品です。胡坐をかいているようなベスト商品より、**良い商品づくりのため改善を繰り返していくベター商品の方が共感と応援をもらいやすい**です。

創業当時の味を守り続けるとか、あの名店は創業から味が変わらないとかよく耳にしますが、本当にそうでしょうか。お客様の味覚だって嗜好だって年を取れば変わります。そんなお客様を満足させるために、愛される名店はずっと改善と努力を続けています。言われた通り、書かれた通りに作るのが大事な職種もあるかもしれません。私の場合、塩や水の配合を変えたり、ロールに通す速度や回数を変えたりするように、試行錯誤を続けているので、創業当時の味ではないと思います。きっと磨かれて美味しくなっていると私は思います。

○賞味期限があるのはパスタが生きているから

ここまでパスタのことばかり書くと、私はパスタ好きだから生パスタで起業したと思われるかもしれません。しかし本当は、生パスタが美味しいから好きなのではなく、**笑いと驚きを提供できるから好き**なのです。どちらかといえば、美味しさを追求するより、笑いと驚きを提供することに興味があります。お医者さんだって医療や病気が好きというより、医療を施したあとの患者さんの笑顔が好きなんじゃないでしょうか。

取れたての野菜や水揚げされたばかりの魚と同じように、麺でも作り立ての感動を提供したいと考えましたが、3日の賞味期限だとどうしても売れ残りが出てしまいます。そこで作り置きせず販売できる程度に生産を管理し、短い賞味期限を少しだけ延ばすことを考えました。

カビが生えないようにするには、1つは乾燥させる方法がありました。2つ目は保存料を添加することです。前者は長期間保存ができる反面、茹で時間が長くなり茹で伸びしてしまう、後者は麺に保存料の匂いが残ってしまうデメリットがあります。ですから、保存料を使わない生パスタはカビが生えやすいため一般に流通していませんでした。

賞味期限を延ばすために、まず衛生管理を考えました。とにかく製麺所は粉が堆積しやすく、清掃がとても手間です。手の届かない箇所に堆積する打ち粉を吹き飛ばせるようにエアーブラシを導入し、他の道具はアルコールスプレーで消毒して作業する環境にしました。手袋をして生パスタに手汗はついていないのにカビが生える、その原因を探しました。

そうこうしているうちにカビが生える根本的な原因は「小麦粉」にあるとわかりました。そもそもメーカーから納品された時点で小麦粉に菌があるから、水で混ぜたあとで繁殖するのではないかと仮説を立てました。小麦粉に原因があるとしてどのように殺菌するか、様々な殺菌方法を検討してオゾンに注目しました。

オゾンは大気圏上層(成層圏)ばかりにあるものではなく、森林にも存在します。もともとオゾンは酸素原子からなるものなので、食品添加物として表記する必要がありません。しかもどこにでも存在し、原材料として余計な費用が発生しません。

オゾンを使った殺菌のメカニズムを簡単に説明すると、酸素原子3個のオゾンはとても不安定な構造なので酸素原子2個の酸素に戻ろうとします。残った酸素原子が菌と結合し、菌を死滅させるという仕組みです。理科の授業で実験した「酸化」と呼ばれるものです。強力な殺菌はもちろん効果的ですが、人体にも原材料の小麦粉にも悪い影響を与えます。高濃度のオゾンに1時間、人体をさらすとのどや眼球に痛みが起きます。殺菌だけでなく、オゾンは脱臭や脱色効果もありますので、小麦粉の風味がなくなってしまいます。オゾンを使って完全に殺菌すれば、賞味期限はさらに延ばせますが、美味しさがなくなってしまうデメリットがあります。ですから、オゾンをフル活用するのではなく、10日間程販売できるぐらいで十分、そもそも「生」の美味しさを優先させるのだから、乾燥パスタのように長期保存しなくていいのでは、と私は考えています。

食品微生物センターに提出した3回目のチャレンジで冷蔵5度以下20日間の検査に通りました。毎年鹿児島市の保健所が行う10日間の検査でも問題なしと評価されています。おうちで普通に生パスタを作れば3日でカビが生えてしまうのだから、賞味期限が10日あれば十分売れる商品になります。

○ 10日の賞味期限で勝負

賞味期限が長ければ長い方がいいかと言えば、必ずしもそうではありません。賞味期限がたった1日でも売れている商品があります。どんなに賞味期限が長くても、長い期間陳列されたままで売れなかったら大きな損失です。商売は、お客様にお金を払って買ってもらってこそ意味があり、陳列して終わりではありません。それに賞味期限を長くして緊張感のなくなる方が怖いことです。

賞味期限が短くても売れる自信があるのは、かつて千葉県の会社で漬物を販売していた経験があるからです。2年ほどお世話になり、漬物と流通を学びました。漬物には白菜、ナス、キュウリのような浅漬けとたくあん、梅干しのような古漬けがあります。どちらが売れて回転率がいいかというと、サラダ感覚の浅漬けの方です。浅漬けの賞味期限は1週間、もしくはそれよりも短い、それでも売れるのだから、生パスタの賞味期限を10日にして売ると決めました。

ある日、勤務していた漬物会社の社長から紀州南高梅の試食を勧められたことがあります。当時の私は梅干しが大の苦手、面接のときにも梅干しが食べられないことを隠したまま入社していたので、清水の舞台から飛び降りるような冷汗をかいてほおばりました。食べてみたら「いける！」、今までの梅干しと違う、美味しいと感じました。社長に勧められた一押しの梅干しは添加物がなく〝本物〟でした。

国内で販売されているパスタに引けを取らない、負ける理由のない自負があるのは、自分が納得するまで、生パスタを研究しているからです。この自負を裏付けるかのように、九州内のパスタを試食したお客様から、九州一美味しいと言われて、自分は間違っていないと後押しされたようで、とてもありがたく思いました。

○製麺所は毎日が初演

とはいえファクス1本で外注していた麺を切り替えて、どうやって自分たちで麺を作るかについて、初めから「小型製麺機」という答えがあったわけではありません。実行するかどうかは別として検討を始めると、手打ち麺は作り手が熟練するまで時間がかかりますし、店舗で提供する麺を賄うのにどれだけの労働時間が必要になるかわかりません。職人の力に頼っては再現性が弱いし、職人に何かあったときビジネスとしてリスクがあります。手打ち麺職人の雇用や技術を磨く方法は、時間とコスト高になるため除外しました。またベルトコンベアで生産されるような大型設備は投資を回収できないリスクがあります。

そんなとき2013年福岡のマリンメッセで開かれたフードビジネスの展示会に出展されていた製麺機を思い出しました。まさか自分が製麺機で製麺するなんて思ってもいませんでしたが、確かに展示会で唯一印象に残っていて、麺が15分程度で出来上がる様子が画期的に感じたのでした。余談ですが、酒見賢一の小説『泣き虫弱虫諸葛孔明』にはうどんの自動調理装置が登場します。史実ではないにしろ、諸葛孔明の活躍した三国時代に、そんな機械があったと想像するだけでワクワクしたのも後押しになりました。

製麺所を作るとき、それまで経験した2つの職場での出来事が念頭にありました。1つは半導体工場のクリーンな環境、もう1つは東京ディズニーランドの夜間清掃です。

暑さと湯気が付きものの拉麺店の厨房に対して、粉を管理する製麺所は涼しく湿度の低い環境で作業をします。製麺所の環境と設備については半導体工場での知見を活用しました。半導体工場では、全身を包み込む「クリーンスーツ」に着替えます。

東京ディズニーランドでシンデレラ城前と、ワールドバザール内の店舗清掃を担当したとき、海風が吹く園内の砂やごみを消防サイズのホースですべて流して、毎日ゲストの指紋がついた真鍮をピカピカに磨きました。日が暮れてゲストが帰り、日が昇り次の日のゲストが来るまでの間、**人が見ていないところで仕事をしている自分はサプライズプレゼントを仕込んでいる気分でした。**「毎日が初演」――これがディズニーランドから学んだことです。ですから毎日の製麺所の清掃も、以前の職場に比べ、めんどくさいなという気持ちもゼロではありませんが、手は抜かずにやっています。どちらも日常の生活では味わえない職場を体験したことで、製麺所の清掃イメージが出来上がりました。

近年はおうちでパスタが作れるマシーンが人気のようですが、作ったあとの片付けが大変と聞きました。製麺所内も打ち粉が舞うし、製麺機のミキサーやローラーにこびりつく小麦粉を毎回清掃するのはとても大変です。エアコン、換気ダクト、冷蔵庫、窓際に粉が堆積します。清掃の手を抜くと次回の麺作りに古い粉が混入する恐れがあり、古い粉から菌が繁殖してしまいます。毎回製麺作業が終わったら1時間ほど徹底的に清掃します。製造と同じくらい一度も手が抜けない大切な仕事です。オゾンは気体で隙間にも入っていくので、紫外線と比べても滞りなく殺菌できます。製麺所でオゾンを導入した1年後の2020年の5月には、奈良県立医科大学によるオゾンによる新型コロナウイルス不活化を確認する研究が発表されました。高濃度オゾンは殺菌効果がある分、人体には悪影響を引き起こすので、製麺所を閉めて無人にしてオゾン発生装置で殺菌しています。

こうして1つずつ決断し、自分自身が納得のいく商品が出来上がりました。次にどうやって販売するかを検討し始めました。自動販売機を思いついたとき、融資はあっけなく断られました。それなのに、なぜ自動販売機で販売すると決断できたのか、どんなモチベーションだったのか、それは次の章にてお話しします。

2章

自動販売機で生パスタが買えると誰が想像したか

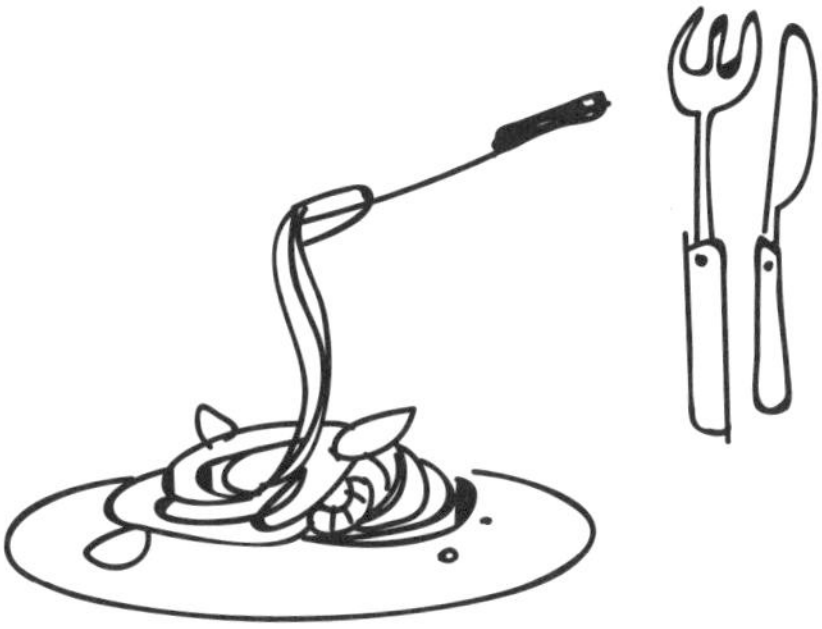

新型コロナによって、いまでこそ自動販売機は多様に展開し雑誌で特集が組まれるほど話題になっています。私が自動販売機を導入した4年前の2019年12月20日は、まだインスタグラムやメディアに露出してなかったように思います。珍しい自動販売機と言われ、今や多様な自動販売機は日常になっていますが、設置した当時は、自動販売機がこんなに多様化するなんて想像していた人はいなかったと思います。

○ 店頭販売も営業活動もしたくない

生中華麺を弟のお店に卸しているだけでは銀行融資の返済ができても、生活費を稼ぐには足りません。このまま事業を続けていけば運転資金がいずれなくなってしまいます。生パスタを作ると決めたのはいいけれど、さらに売上を上げようとしても、販路がないという壁にぶつかりました。起業の壁は越えたけれど、継続の壁にぶつかりました。継続するためには、販路を広げなければいけません。どんな売り方をしたら、生パスタを買ってもらえるだろうか、どんな人が買うだろうか、誰に買ってもらうかと考えました。私が検討したのは、⑴通販、⑵スーパーや飲食店などに卸す、⑶店頭で直売する、の3つです。
今は誰もが携帯電話やスマホを持っていて、アマゾン、楽天、ヤフー、メルカリに商品登録も簡単にできます。インターネットを使えば、全国の誰にでも商品情報を見てもらえます。

通販は送料が絡む価格設定で悩みました。表示されている商品代のほかに別途送料負担がかかるとわかった途端、最後の購入画面で離脱されます。だったら送料無料のように送料込みの価格設定にすればいいかというと、生産地の鹿児島から生パスタを発送すると地方ごとに配送料金が変わります。九州地方、中国地方なら1000円で届く商品が関東地方になると1500円に、北海道であれば2000円かかるといった具合です。鹿児島は日本の端に位置し、送料込みにすると東京や大阪と比べて割高感を感じました。全国送料無料にするためには、送料をどのように考えたらいいか悩みました。

アマゾンには自社倉庫で預かり配送するFBAサービスがありますが、生ものは預かりません。アマゾンに出品しても、無名でブランド力のないパスタでは、ほかの商品に埋もれてしまって販売に直結するまで時間がかかると予想されました。さらに自社サイトの通販では集客が望めないと考えました。

次にスーパーに卸して販売してもらうことも考えました。以前スーパーへ漬物の営業をしていた経験があり、小売店が直接メーカーと契約しないことを知っていました。1つの商品が1日に売れる数も予想がつきますし、スーパーに卸すことになったとしても、各店舗に配達するか、センターへ一括納品するか、納品方法の課題が出てきます。配送する距離が長く冷蔵車が必要になれば用意しなければいけません。スーパーで買い物するお客様はパスタと言ったら常温で売られる乾燥パスタのコーナーに向かうのに、冷蔵ケースの棚に並べられたパスタがどれだけお客様の目に留まるのか、選んでもらえる強みがはたしてあるだろうか。そんなことを考えたあげく、スーパーへの卸しは断念することにしました。

飲食店への営業もしなかったのは、私が飲食店経営者の立場になると、起業して間もない業者に、いきなり生パスタの営業をされても、すぐに購入しようと思わないからです。もちろん私自身は商品に自信を持っていても、世の中にはほかにも優れた商品があるわけですし、お客様を納得させる理由と実績が不足していると思いました。製麺を始めて3か月、飲食店に提案するには時期尚早と感じていました。どの販路でも売れればいいのですが、私はいずれの販路もデメリットを感じてしまい、起業当初はまったくアプローチしませんでした。

人通りの多い駅や町での販売も検討しました。市街地に店舗を借りて、生パスタの販売ができるか、物件も検討しました。製麺所からの運送費、テナント代を払ってまでしてどれだけ利益が出るだろうかとまったく確信が持てず、できない理由ばかり考えて、なかなか前に進みませんでした。

製麺所で直接販売をすると、製麺中にお客様の対応に追われることが予想されます。長話になってしまっては、作業が中断されるだけでなく、製造時間にムラができ、生地が乾いてしまいます。製麺所の窓を開け閉めしていると、桜島の火山灰が麺や製麺機に混入する恐れもありました。

最後に、製麺所での販売が難しいので、隣接する弟の飲食店内で販売を頼めるか検討しました。生パスタがお客様の目に入る場所に陳列されていないと、壁のチラシ書きだけでは気づいてもらえません。しかし店内は狭くて、ガラス棚のショーケースを設置する場所なんてありません。ガラス棚のショーケースを設置できたとして、そもそも弟の雇用したアルバイトやパートさんに頼める筋合いでもありません。また店舗の休みや休憩時間には販売ができないし、生パスタの賞味期限が短くなったまま、在庫になってしまいます。決済のときには、店舗のお食事と別会計になれば、そのための釣銭を用意するなど様々な課題がありました。

○ 神のお告げはどこにでもある

いろんな販路を考え続けていたある日、とある実業家のネット動画で「アマゾン倉庫」に「決済機能」がつくと「最高、最強」とか、そんな感じのコメントを耳にしました。私は、決済機能のある倉庫と聞いた瞬間、実際に購入したい商品が確認できる、**ガラス張りの自動販売機を連想**しました。販売員がいなければ売れないというのは先入観です。駅の改札口やガソリンスタンドだってセルフになっています。駅の切符だって窓口ではなく自動販売機で購入できますし、ガソリンスタンドは自分でガソリンを入れる方式がそれなりに普及しています。その場に販売スタッフがいなくても販売できる仕組みは、売り手にも買い手にももっとニーズがあると感じました。私がまったくのゼロから見つけた方法ではなく、誰もが普段目にしているものから着想を得たのです。

自動販売機であれば、店頭で24時間販売ができます。お店の準備中も閉店したあとも定休日も働いてくれます。冷蔵機能もついているし、生パスタを陳列するガラス棚のショーケースもすでについていています。スタッフの教育も必要なく、初期設定が終われば正しく動いてくれます。自動販売機は決済機能があるし、お客様に商品を渡してくれます。これまで悩んでいた店舗販売の課題をクリアしていました。これなら通販の登録も、スーパーや飲食店への営業もしなくていい、自動販売機に店頭直売してもらえばという気持ちになりました。

そうと決まったら、さっそく自動販売機のリサーチを始めました。駅のプラットホームに設置され月間数十万円も売り上げている自動販売機があるいっぽうで、2016年日本自動販売機工業会による報告によれば、缶やたばこの自動販売機の設置台数は前年比1・2%減の494万台で、減少傾向にあります。缶ジュースなら、通販の訳あり商品をまとめ買いする方が安いし自宅まで届けてくれます。コンビニも24時間営業で、品数も多く、ほかの商品も充実しています。わざわざ自動販売機で購入する理由が減っているのです。海外はいざ知らず、国内の自動販売機メーカーもどんどん撤退し、製造中止になった自動販売機もあります。

そんな流れを踏まえたうえで、しかし私は少し違った可能性に目を向けました。2013年と比べ、対前年比をクリアしているアイテムは、ホットドリンクカップ、菓子、スナックなどです。設置台数が減少傾向にあるジュースの自動販売機を見ると、24時間売るだけなら誰にも負けないから、もっと売れる商品を売らせてくれよと言っているようでした。テナント代も人件費も光熱費も抑えられるので、自動販売機がジュースに限定せず多様な商品を取り扱ったらどうなるだろうと想像を膨らませました。どこにでも自動販売機がある日本の風景は海外を経験すると独特な感じがします。熱々のスープが入ったうどんの自動販売機はレトロで人気があるとテレビで話題になっているくらい、自動販売機は日本人に愛されています。

購入してくださるお客様にも自動販売機のメリットはたくさんありました。生パスタを製造してすぐ自動販売機に補充するので、出来立てを提供できます。代金を受け取って、商品を引き渡す、とてもシンプルな仕組みです。店外に設置すれば、お店がお休みでも販売できるので、24時間好きなときに立ち寄れます。販売スタッフを置かないので人件費もかかりません。通販の送料も考えなくていいし、中間マージンもかからず製造コストのみで販売できるので、安く提供できます。

初期設定が終わればすぐに販売できるので、社員教育もマニュアル作成も必要ないのは、一人で起業する私にとって大きなメリットです。冷蔵機能があるので、販売用のショーケースも、作り置きを保管する冷蔵庫も必要ありません。恐持ての人が操作しても堂々とし、値引きせずに平等に待遇するのは、人間には真似ができません。自分だけの売場を作ってしまえば通販やスーパーのように他の商品と並ばないので、比較されることもありません。

○自動販売機の課題は何か

でも、**自分が考えそうなことは、すでに誰かが実践しているだろう**、何か落とし穴があるのでは？と思いました。グーグルで検索して、1つのキーワードで30ページはチェックしました。熱々のスープが入ったうどんの自動販売機、カロリーメイトやパンの自動販売機のほかに、採れたての野菜や卵、製造工場近くの道の駅での加工肉販売、ホテル内のワイン、瓶詰めされたクレープ、夜間販売のもつ煮込み、駐車場に設置されたペットボトル容器のあご出汁、果物を搾ってジュースにする自動販売機などがありました。

すでに生パスタが販売されていたら、やる気がなくなっていたかもしれませんが、生パスタを販売している自動販売機がないことも確認して、ホッとしました。もしのんびりしていたら、誰かが始めてしまうかもしれない、わかっていたのに誰かが先に取り組んでしまったらとても悔しい。そんな感情が湧き上がりました。誰だって一番になるのが好きですよね。

世の中には珍しい自動販売機がありますが、同じように生パスタも売れるのか、もう一工夫が必要だなと考えていたら、自動販売機に対する不満が見つかりました。私は高速道路のサービスエリアに行くと、紙コップのコーヒーを飲むのがお決まりのルーティーンでした。「コーヒールンバ」の曲が流れる間に、豆から抽出されるコーヒーの自動販売機が好きでした。そんな自動販売機を検索すると、異物が混入している画像を発見しました。確かに商品が陳列されている店舗の棚だって埃がたまったり汚れたりします。ですから店舗の棚だって清掃するのに、自動販売機だって例外であるはずがありません。調べてみると、自動販売機の清掃や衛生管理については、補充時のスタッフに任せているようでした。自動販売機に関連する国内の協会や団体などのホームページを見ると、最優先の安全対策は自動販売機が転倒しないことであり、自動販売機内の陳列された商品に対する言及がされていないように感じました。

缶や紙パックなら問題にならなくても、最長10日間陳列する生パスタを袋に詰めていたら、作業時の粉や何かで虫や菌が寄り付くのではないかと想定できました。自動販売機に生パスタを陳列して、不衛生と感じるお客様もいるのではないかと気がかりでした。不衛生というイメージが一度ついてしまったら購入してもらえないどころか、口コミで広がっていきます。生パスタを自動販売機で売るときにまず考えなければいけないのは、安全に売っていることをPRすることだと思いました。

美味しいとか、便利だとかの前に、安全を第一に考えたのは、東京ディズニーランド勤務で学んだ経験からです。ディズニーランドで働いていたときは、SCSEという行動規範に基づき行動していました。SCSEとは、Safety、Courtesy、Show、Efficiencyの頭文字です。それぞれ安全性、礼儀正しさ、ショー、効率の意味になります。順番も大切で、他の3つも大切ですが、安全を第一に考えて行動しなさい、というものです。ディズニーランドの行動規範を参考に、まず「安全な自動販売機」と伝わるには、どうすればいいのかと考えました。

ところが私が納得できる解決策はネット検索では見当たりませんでした。今までの自動販売機だって不衛生とは思ってなかったけれど、そこまで衛生管理している新しい自動販売機となれば、お客様に認めてもらえると考えました。だったら安全という課題を解決すれば売れるのではないかと俄然やる気が出てきました。自動販売機は日本全国で約500万台あるけれど、商品の外周を殺菌して管理する自動販売機は世界に1つだけとなれば、独自性があり選ばれやすくなります。

何か殺菌（消毒）や消臭する方法はないかとあれこれ調べましたが、第1章でも紹介したように、すでに製麺所の殺菌（消毒）や消臭にオゾンを使っていたので、同様に自動販売機にも導入できるのではないかと目星をつけました。オゾン発生装置を自動販売機の中に組み込んで、大気中の酸素からオゾンを作り出し、自動販売機内の殺菌を行います。殺菌するためのガスや液体を補充する手間やコストもかからないので楽ですし、最初に機器の設定をすれば、あとは自動で殺菌を繰り返します。常に衛生的で何もしなくてもいいという点が継続しやすい方法でした。自動販売機の販売中は常に、高濃度オゾンによって殺菌され、補充時に自動販売機の扉を開ければ、高濃度オゾンは酸素に戻るため、人体に有害な影響を与える心配がありません。

○屋内用自動販売機を屋外に設置するには

自動販売機を購入するために、メーカーに問い合わせをして、鹿児島市ではどこの販売代理店で購入できるのか教えてもらいました。もし自分が生パスタを購入するとしたら、ガラス張りで、商品がじかに見える方が購入したくなります。以前勤めていた製造工場の社員食堂で見かけていた自動販売機をイメージしていました。

購入前に、販売代理店で生パスタの袋を使って実際に自動販売機から商品を取り出せるのか確認しました。陳列棚からリフトに商品が落ちて取り出し口に運ばれる様子は感動的でした。購入者以外の手が商品に触れることなく、安全を徹底した商品管理も魅力でした。大半の自動販売機は、買いたい商品の実物が見えません。実は自動販売機で購入するお客様は、スーパーで陳列されている商品のように手に取って確認ができませ

屋内用自動販売機を屋外に設置するために考えた小屋

小屋の中に設置した１台目の自動販売機

ん。それなのにサンプルで選んだ商品が手に入ると信用しています。商品を見なくても、いつも同じものが購入できると皆さんが知っているのは、自動販売機が消費者との信頼関係を今まで積み上げてきたからです。

問い合わせたときにイメージしていた自動販売機は、屋内用のみで、屋外に設置できないものでした。いくら自動販売機が24時間販売できても、屋内に設置したら、お店の営業時間外にはドアが閉まって、自動販売機の前まで行って購入できません。屋外に設置して開店前や閉店後も販売できるのは大きなメリットです。屋内用自動販売機を屋外に設置すればメーカーの保証対象外になります。故障したときに自己責任となるので、ふつうは屋外に設置する人はいません。

では、お店の外に自動販売機を設置するとしたら、雨風と鹿児島に降る桜島の灰の対策をするために屋根があればいいのではないかと考えました。自動販売機を屋外に置く、その目的のために何をしたらいいかというモードですね。もう止まりません。できないことがあればあるほど、じゃあこうすればいいのかなと、何とかしようという性分なので、プレハブ、物置、バイクガレージ、テントと、思いつく方法を問い合わせしました。

希望する形状がなかなか見つからず、入り口に段差があって躓いてしまうとか、お客様が買わない理由を作ってしまわないように様々な検討を重ねました。日中に自動販売機の扉を開けて補充すると、冷気が逃げて機内の温度がすぐに上がります。温度変化が激しいと食品の痛みにつながります。特に鹿児島は日射が強く、小屋には断熱材が必要でした。結果として、他の見積もり額とほとんど変わらず、耐久年数と断熱材を備えた木造の小屋を選びました。朝から夕方にかけてガラスの奥にある商品に直射日光が当たらないように間取りや設計も考慮しました。

最終的に、販売は、弟の拉麺が食べられる場所、麺を製造している場所から始めるのがいいと落ち着きました。置き場所を賃借するのであれば、うまくいかなくなって撤去する場合も頭の片隅に入れていました。弟の敷地を借りることにし、土地賃貸借契約書を結びました。自動販売機と小屋は、市役所に申告して、固定資産（償却資産）税を払いました。それでも、テナントを借りて毎月払う費用と比べて少ない負担で済みます。自動販売機の購入価格は、サイズや機能によりますが、70万円～300万円（税抜）です。購入費を抑えるには、**補助金を利用する方法**があります。小規模事業者持続化補助金（一般型・通常枠）であれば、50万円を上限に、事業費の3分の2相当の補助があります。小規模事業者持続化補助金は、さらに1年後に2台目の自動販売機を導入する際に利用しました。ただし、設置と補助金申請の採択のタイミングなど、事前に周到な準備が必要で商工会議所と商工会に相談しました。オークションサイトなどで中古品を買う選択肢もありますが、故障してしまったときにメーカー保証がないので注意が必要です。
駅前、大型ショッピングモール、商店街への出店も検討しました。一等地だから売れたよりも、一等地でもないのに売れたという方が私は好きでした。私の商品を買いたい人ならどこからでも来るし、むしろ一等地でなくても人が集まって買いに来るような場所を作る方が私の好みです。最初に一等地でうまくいった事例は、二等地でうまくいく参考にはなりません。次に展開するとしても、二等地の方が参考になる部分が多く、一等地で展開すれば、もっと大きな成果を手に入れられると考えました。

○もし自動販売機が人間だったら

こんな悪条件で働きたい人はいるでしょうか?

性別年齢　問いません。やる気ある方を求めます。
勤務時間　24時間、祝日年末年始勤務あり
給与　月給3000円（電気代）
勤務地　転勤なし

募集職種　商品管理、接客、販売、会計
福利厚生　健康保険、雇用保険、厚生年金、労災保険なし
雇用形態　定年なし　故障するまで
資格　紙幣、硬貨の識別能力
能力　コミュニケーション、温度照明管理
学歴、職歴　出身メーカーの検査合格
休日　なし
有給休暇　なし

もし自動販売機の業務条件を求人広告に載せるとしたら、こんな感じになるかなと書いてみました。日本全国で約500万台の自動販売機がこんな悪条件でも働いています。自動販売機を人件費に換算すると、時給900円、24時間勤務として、1年間で788万4000円（×使用年数）に相当します。24時間営業の店舗は、それだけの人件費を払わないと運営できませんが、自動販売機ならばそれが0円です。1日2万1600円（900円×24時間）の人件費を払うとしたら、100万円の自動販売機は47日目で回収できる計算です。48日目以降は0円で働いてくれるというわけで、電気代やテナント代

を考えても自動販売機のリスクはこれだけです。

同じ仕事を正しく繰り返し、お客様を差別しないのは、機械ならではのメリットです。人間だったら雨が降るとテンションが下がりますが、テンションの下がる自動販売機を見たことがありません。自動販売機は、人件費0円のユニークかつ堅実なスタッフです。トレーニング不要で設置したときからエキスパートです。残業代も求めませんし、雇用保険も適用されません。24時間休憩せずに働いても、文句ひとつ言いません。素直に働く優秀なスタッフです。ショーケースに並べられた商品の管理と金銭管理ができます。お客様が求めているのは、お金を払って商品を受け取ることです。お客様の押したボタン通りに商品を提供します。コーヒーが欲しい人にお茶を出すことはありません。通信販売が普及した当時は、接客販売が得意な人ほど否定的だったように思いますが、今や通信販売はあたりまえ。自動販売機にも同じことが言えるかもしれません。これから日本の労働人口が少なくなっていく中、こんなに一生懸命働いてくれるスタッフを見つけるのは大変です。人間なら、こんな求人に応募しないであろう条件の仕事を、自動販売機がしっかりこなしてくれるので、とても感謝しています。

最新の自動販売機は冷却構造、風回りの改善、断熱構造の最適化、庫内照明のＬＥＤ採用などにより電気代削減、従来機の30％の省エネを実現しているそうです。自動販売機は電気代がかかるから、エコではないという意見もありますが、1つのお店を冷房するより範囲が狭いので、熱効率は悪くありません。また作り置きしないので、自動販売機のほか、最低限の冷蔵設備で済ませられます。

もちろん自動販売機は完璧ではありません。「こんにちは」とあいさつもしませんし、愛想がいいわけではありません。本日のおすすめも、お客様の困りごとのヒアリングもありません。自動販売機は言葉を使って商品を紹介できません。購入したばかりの自動販売機単体では創造的な仕事はできないかもしれません。商品サイズが合わなくて販売できない商品もあるし、1個あたりの価格設定と販売数によって売上も異なります。設置したあとは何もしなくていいというわけではなく、補充やトラブルの人的対応が必要になります。

いっぽう非対面販売の自動販売機は、経営側だけでなく、購入者側の心理的ストレスを軽減します。お店の人が目の前にいると落ち着いて選べない、話しかけられると急かされているように感じることがあります。アフターコロナではますます非対面型が推奨されていますが、お客様が納得して購入する際に、必ずしも愛嬌のあるスタッフはいらないと思っていました。確かに愛嬌のあるスタッフは販売を強化する方法の1つですが、ネット通販だって愛嬌のあるスタッフが売っているわけではありません。なんでも販売スタッフに任せていけば負担ばかり多くなっていきます。自動販売機で購入したいお客様には自動販売機を利用してもらい、デジタルや機器が苦手な方にはスタッフが個別に対応するように、お客様に合わせた販売環境も大切です。

○ 60 商品決めるにも1つの生パスタから

すでに保健所で製麺業の営業許可を取得し、飲食店への卸販売をしていました。しかし自動販売機で生パスタを販売するのは前例がありません。ですからそのまま、保健所に相談しても断られると思いました。通販でも販売できる水準で開発すれば問題ないという認識だったので、自動販売機で売ることを前提に話しつつ、生パスタを通販するために何をしたらいいのかと保健所に相談しました。一般消費者に販売するには、原材料、量目、生産者情報などを記載する食品表示シールを作成するようにと言われました。鹿児島県庁の食品表示110番に電話やメールで相談すると、丁寧に案内してもらえました。

項目内で特に面倒だったのは賞味期限の設定です。賞味期限を1か月にする場合、1か月の検査期間が必要です。またなぜその賞味期限なのですか?と聞かれたときに、根拠のある回答が必要です。客観的なデータに基づき、エビデンスのある賞味期限を設定します。保存方法や賞味期限によって販売方法も異なってきます。食品微生物センターに生パスタを送り一般生菌数の検査を依頼しました。検査では冷蔵5度以下で20日までの検査に合格しました。合格した日数の70%を賞味期限の目安とするのが一般的ですが、自動販売機で購入したお客様が家に持ち帰る時間も考えて、賞味期限を50%の10日に設定しました。

せっかくガラス張りの自動販売機なのにアルミ袋に商品が包装されてはイメージが伝わらないため、透明の袋を選びました。厚さや大きさも数種類試しましたが、一番悩んだのが袋のデザインです。プロのデザイナーに頼んで、素敵なデザイン候補の中からいったん選びましたが、袋の印刷代を検討したときにやめました。生パスタは1袋80円と価格設定していたので、パッケージデザインが印刷された袋を使うか、デザインされたシールを袋に貼る作業をするかにも悩みましたが、そのいっぽうで、袋やシール代にかかる10円を販売価格に上乗せしていいのか、とても悩みました。たかが10円ですが、生パスタを毎回買ってもらうときに、デザインを食べているわけではありません。過剰包装と言えるレベルでもないけれど、毎回買ってもらうお客様に対して、10円の袋代は不要だと決めました。ふつうなら袋代やシール代がかかっても、見栄えを考えれば、デザインを採用する方が常識的だと思いますが、そうはしませんでした。

ちょっと大げさな連想かもしれませんが、シェイクスピアの中で一番好きな「ヴェニスの商人」には、金銀鉛の箱からヒロインの肖像画が入った箱を選ぶエピソードがあります。

金や銀でなく、飾り気のない鉛の箱に正解があったように、美味しい生パスタは袋のデザインでは選ばれないと信じることにしました。もっと手軽に食べてもらうために、10円でも安い方がいいと思いました。デザインを外してコストを優先したのは、**リピートしてくれるお客様を一番に**考えたからです。包装袋にデザインは使用しませんでしたが、デザインは自動販売機前の看板に流用しています。

生パスタだけでは60アイテム陳列できる自動販売機の棚はまだガラガラでした。次に検討したのが、パスタソースです。初めは「麺だけあれば調理するでしょ、レトルトソースはどこのスーパーでも販売しているし、自動販売機に入れる必要なんてないでしょ」と思っていました。もし市販のパスタソースが美味しくないとしたら、やってみようという気も起きたでしょうが、その気もありません。パスタソースはすでに選びきれないくらいたくさん出回っているし、パスタソースを作る設備もありません。特にパスタソースに課題を感じていない私が、パスタソースを売るのは自分の仕事ではないと思っていました。また麺作りだけで精一杯というところもありました。

自動販売機には生パスタだけを並べるつもりと話したら、「パスタソースと麺を一緒に売るのはあたりまえでしょ」と家族全員にダメ出しされました。ダメ出しされても、パスタソースの当てがなかったので、どんなパスタソースを提案したらお客様に選んでもらえ

生パスタと一緒に業務用パスタソースも販売

結果的に使わなかったパッケージデザイン。
小屋の外装用に使用した。

るのか、改めて市場のパスタソースをネットで検索しなおしました。広島に住んでいたときに業務用スーパーが賑わっていたことを思い出しました。業務用というキーワードなら、レストランやホテルのクオリティを持っていると伝わります。一般の市場に出回ってなくて、まとめ買いすれば、価格交渉もしやすいと考えました。

調べると、学校の給食を手掛けたり、有名ブランドのプライベートブランド商品も作ったりしている、兵庫県のソースメーカーが見つかりました。TBS番組「メイドインジャパン」では、パスタの本場イタリア・チーム相手に、日本代表としてボンゴレ・ビアンコで対決していました。テレビに出るほどの実績があり、一般の市場に出回っていない方が不思議なくらいでした。メーカーに連絡し、鹿児島で配送してくれる業者を紹介してもらいました。

これでパスタの麺とソースが決まりましたが、拉麺店の前の自動販売機ですから、拉麺も販売することにしました。弟の店は、中華料理のお弁当をテイクアウトできましたが、拉麺のテイクアウトだけは断っていました。お店で調理した拉麺を持ち帰ると、茹で伸びしてしまい、お店の品質を保てないと考えていたからです。一度拉麺の出前を断って、お客様に激怒されたこともあります。拉麺をテイクアウトしたいお客様には自動販売機で買って帰って、おうちで調理してもらえば、お店と同じ味と品質を楽しんでもらえます。しかし拉麺スープを自動販売機で販売するには、衛生上、飲食業の営業許可証だけでは販売できません。給食や病院食の安全マニュアルを参考にすると、菌は摂氏70度から20度の間で繁殖するとわかりました。沸騰しているスープを20度以下、10度付近まで短時間で冷やせば菌の繁殖が避けられます。短時間で冷やすために冷凍設備を導入し、拉麺スープを商品化する目途がつきました。自動販売機や通販で売るために、厨房をリフォームして、惣菜製造業の営業許可証を取りました。

レトルト常温販売にすれば、1年の賞味期限を設定できましたが、高温高圧殺菌によって味がお店の味と違うと言われる方が嫌でした。お店と味が異なってまで販売する商品にはしたくありません。他の商品と賞味期限の長さを競って6か月や1年と延ばすのではなく、お店と同じ味を楽しんでもらう、そのために保証できる販売期間は1か月でも、お客様は選んでくれると信じることにしました。スープも4種類すべて一般生菌数検査に出して、拉麺の麺とスープも販売できるまでになりました。自動販売機に残った最後の一列は紙パックのジュースを並べて、最初のレイアウトは完成しました。２０１９年12月20日、起業してから6か月弱で生パスタ販売にこぎつけました。

○防犯カメラでコミュニケーション

自動販売機を設置して、マイク付き防犯カメラも設置しました。防犯カメラはお客様の不正を監視するというより、在庫状況やお客さまが困っていないかどうかを確認するために使っていました。設置当初は、「なんだ調理されていないのか」なんて言葉も聞きました。やはり調理されていてすぐに食べられないと、利用してもらえないのかなと思えば、同じ商品を何回も購入してくれるお客様もいました。4袋まとめ買い、3袋まとめ買いするお客様がいたので、1回のボタンで3袋や4袋が購入できるように設定を変更しました。拉麺の麺とスープを別々に買うのは不便なので、同時に落ちる方法も作りました。拉麺を下の段に並べていると、売れ行きが悪かったので、上の段の商品と入れ替えるなど、レイアウトのブラッシュアップは毎月のように行いました。一時期、チャーシューやラー油も並べましたが、コアなお客様しか購入してくれなくて、まもなく販売をやめました。

大半のお客様は自動販売機の小屋に入ると、ガラス越しに自動販売機の中を見るばかりで、小屋内の掲示物を見ていません。そこで自動販売機のガラスや棚にポップをつけて、商品と一緒に見られるようにしました。一時はパスタの調理画像のポップを自動販売機の中に貼りすぎてごちゃごちゃしたときもありました。

お客様の満足度を上げるために、今までの自動販売機にはない陳列を作ろうと心掛けるとともに、スーパーの特売コーナーをイメージしてレイアウトを組みました。スーパーの特売コーナーはぎゅうぎゅうな状態で商品を陳列し、見るだけでワクワクします。もともと自動販売機メーカーが想定していない陳列だったので、隣の商品に引っかかって落ちないこともありました。商品が落ちなかった場合、お客様に返金して、クレームにならないように努めました。もちろん自動販売機が自動で搬送エラーの設定を修正できるわけではありません。ですから、同じ搬送エラーを引き起こさないように、エラーが出た原因を見つけて、面倒がらずその都度修正しました。

そんなこともありましたが、自動販売機は設定した通りに正しく動いてくれているので腹が立ったこともありません。むしろ難題を押し付けられた自動販売機は寡黙に働いてくれました。トラブルをなくすように日々格闘していました。商品を入れ替えて、ちょっと商品の重みが変わっただけで、気づかなかった搬送エラーになることもあり、レイアウト変更のたびに細かい調整をしていました。それでも販売トラブルがあれば、お客様から連絡できるよう連絡先を掲示しました。商品の取り忘れがあると、取り出し口が閉じて販売停止になることもあり、次のお客様から連絡が来ることもありました。自動販売機に顔を近づける年配者がいたので、価格が見えづらいと思い、既製品の価格ポップをやめて新しく大きいものを作りました。売れすぎて搬送リフトの動きが悪くなり、食用油で滑りをよくしたこともあります。

今振り返れば、どうしたらいいだろうかとブラッシュアップの毎日でした。**お客様の意見を聞くための「なんでもボックス」という意見箱を設置**しました。ご意見をいただくと改善のヒントになり、お客様から「美味しい」という意見をわざわざ紙に書いていただいたときは、とてもうれしくなりました。前のお客様の忘れた釣銭がなんでもボックスに入っていることもありました。珍しいパスタソースを仕入れてもなかなか売れなくて、そのまま賞味期限切れになったこともあります。商品より、自分の伝え方が悪かったと反省しています。とりわけお客様と対面で会話したわけでなく、お客様が自動販売機の前で見せる自然な行動を参考にして改善していきました。やみくもに変更したのではなく、お客様が困っている課題に気がつくたび取り組んだのです。

ほかにも、当時3歳の息子にはアンパンマンのシールを自動販売機にペタペタと貼ってもらったり、小屋の外に貼る大きなポスターのモデルになってもらったりしました。自動販売機の説明書を読むと、1つのボタンで2つの商品を取り出せる機能があります。具体的には、商品Aと商品Bを別々に購入するのではなく、91番を押すと商品Aが出てきて、続いて商品Bが出てきます。麺とソースをまとめ買いするには便利なはずでし

カップルのお客様もやってきた！

1台目の自動販売機の小屋の中に
「なんでもBOX」を設置

た。最初は、自動販売機の棚には60番までしか商品がないので、91番というボタンを押してくれません。91番を押してくれても商品Aと商品Bが同時に落ちないので、商品Aを取り出さず、しばらく待っているお客様もいました。最初の商品を取り出さないと、もう一つの商品を取り出せないことは、初めて利用するときにはわかりません。説明がないとお客様はずっと困惑したまま待ち続けてしまうと思ったので、説明ポップを作って改善しました。全国にたくさん普及している機種でしたが、実際にまとめ買いする使用例はなかったらしく、プログラムのバグをメーカーに報告して改善してもらったこともありました。

○ 最初に失敗する人って許される

生パスタを自動販売機で販売するなんて、誰もがありえないと思っていました。私がなぜ始めようと思ったのか。一番の動機、それはお客様がマイペースで利用できるからです。私の都合で生パスタが販売できないとしたら、とても不便に感じます。私がいなくても、自動販売機があれば、お客様が困ることはありません。生パスタが24時間自動販売機に陳列されているので、コンビニエンスストアのように好きな時間に利用できます。

まだ誰もチャレンジしていないこともラッキーでした。わからないからやってみて、何が起きるかもわからない。やってみたらどうなるだろうとワクワクする気持ちを抑えられなくなると、どうしても試したくなる性分です。相手を怒らせてしまうことも多々ありますし、自分でやらないと納得できないんですね？と言われたこともあります。

失敗して恥をかくのは私も嫌ですが、最初に失敗する人は許されるという法則をご存知でしたか？「最初だから仕方ないよね」と、最初にチャレンジする人の失敗は許してもらいやすいのです。次に失敗する人は同じ失敗はできない分、むしろハードルが上がります。同じ失敗をして厳しい目に晒されるとわかったら、**最初に失敗した方が得**だと思いませんか。

新学期が始まると、学級委員長の立候補に誰も手を上げず、気まずい時間が流れた体験ってありませんか。命にかかわる選択なら、私も慎重になると思いますが、学級委員長になって失敗しても命がなくなるわけではありません。それに知らない者同士で、誰かが推薦してくれるなんてありません。それで私は気軽に立候補をしていました。

成功するか失敗するかわからないときに、誰かに先にやってもらいたい気持ちになるのが人間心理だと思います。渡ったら今にも切れそうなつり橋が安全かどうか先に渡って確認してもらいたくなります。本当のところは自分で確かめてみないとわかりません。あなた以外の人が失敗していたことでも、あなた自身が取り組めば解決できることかもしれません。

歴史や経験から私たちは常にブラッシュアップを繰り返しています。当時は誰も失敗と思ってないけれど、振り返ると失敗だったこともあります。同じ失敗をしないようにと過去の失敗を教訓にしたから、今では一番いいと思える選択をできるようになっていると思うのです。

○ 自動販売機でドラマを見させていただく

少し田舎に行けば日本全国あちこちで見られる光景かもしれませんが、鹿児島でも道路沿いの無人販売所で自家農園野菜を売る風習があり、利用者は代金を料金箱に入れていきます。無人販売で毎日気軽に買い物できる仕組みが日常に溶け込んでいて、誰も見ていないのに、お金が料金箱に入っている信頼関係ができています。自動販売機も同じです。

日曜日の朝、生パスタの補充をしていると、ある男性が生パスタを買いに来ました。どうやら「朝食で食べたいから買ってきて」とママに頼まれたらしいのです。別の日には、機械操作の苦手そうな年配の女性の代わりに、ボタンを押す中年の男性の姿を見かけましたが、おそらく息子さんでしょうか、そんな光景も見させていただき、ほほえましく思いました。

私の自動販売機にもドラマがあるのだな、自動販売機はどんな気持ちでお客様と接しているのかなと思った日もあります。今は対面でなくても、インスタグラムなどのＳＮＳでいつでもコミュニケーションが取れます。毎日来ていたお客様が急に来なくなったとか、あのお客様は1か月ぶりだとか、お店側がそんなことを気に病むことなく、お客様も利用したいときに、気兼ねなく利用してもらえればいい、**お互いが自由な気持ちで楽しめる販売**を自動販売機なら実現できると考えたのかもしれません。

私はたまたまお客様が興味を持ってもらえる販売手段として、自動販売機を選びました。人からは珍しいと驚かれましたが、その狙いは成功し、メディアからの取材が3年経った今も続いていきます。生パスタの販路も飲食店、通信販売、ふるさと納税と広がっていきます。しかし実を言うと、生パスタを手に取ってもらうために、「美味しさ」を前面に出してアピールしてきたわけではありません。どうして、自動販売機はメディアで取り上げられたのか、そのお話は次の第3章で……

3章

自動販売機がメディアを連れてきた

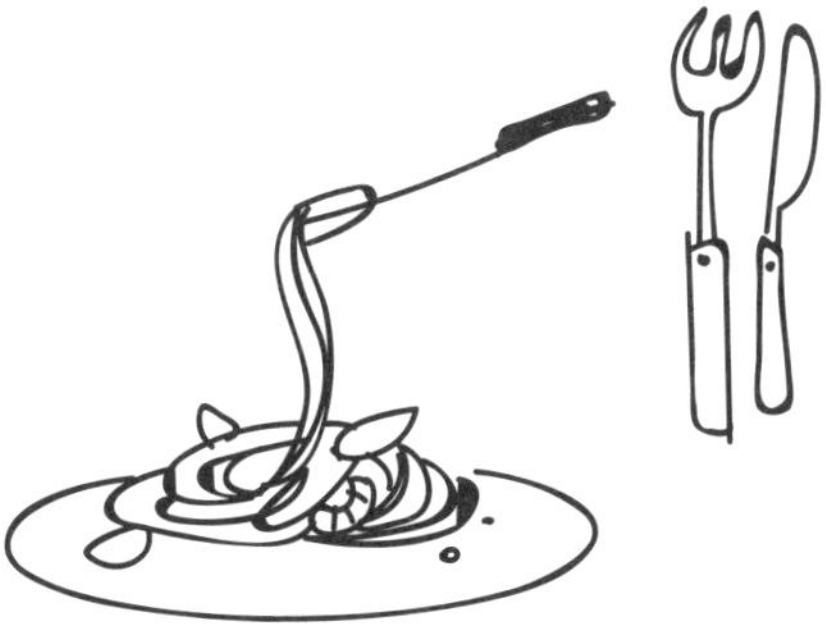

自動販売機で生パスタを販売して１か月が過ぎた頃から、各方面の取材が続きました。

２０２０年４月３日　ＫＹＴ鹿児島読売テレビ「かごピタ」
２０２０年５月　南日本新聞フリーペーパー「リビングかごしま」
２０２０年６月30日　ＢＴＶケーブルテレビ鹿児島局
２０２０年８月７日　南日本ラジオ放送「モーニングスマイル」生放送
２０２０年10月27日　ＫＫＢ鹿児島放送「Ｊチャン＋」
２０２０年11月25日　ＭＢＣ南日本放送「てゲてゲ」
２０２０年12月13日　テレビ朝日「ナニコレ珍百景」
２０２１年２月４日　ＫＴＳ鹿児島テレビ「かご ｎｅｗ」
２０２１年５月14日　テレビ東京
「所さんの学校では教えてくれないそこんトコロ！」（関東圏）
２０２１年５月18日　南日本新聞
２０２１年８月17日　ＭＢＣ南日本放送

「所さんの学校では教えてくれないそこんトコロ！」（鹿児島）
２０２１年８月27日　KYT鹿児島読売テレビ「かごピタ」
２０２２年３月　かごしま市商工会　無料リーフレット
２０２２年３月　南日本出版「ＬＥＡＰ」
２０２２年８月　斯文堂株式会社「ＴＪカゴシマ」９月号

老舗や有名シェフのいる飲食店がテレビや新聞で紹介される方法は、これから起業しようという人や、起業してまもない人たちには参考にしづらいと思います。しかし私のように起業して1年足らず、転職ばかりの人生、しかも製麺修業の実績がなくても、２年間で14件の取材を受けた体験なら、**どのように取材がやって来て、取材後どのように活用したか**は参考にしやすく役に立つのではないかと思います。とはいえメディア取材を狙うなんて当初は思いもよらず、お金をかけずに宣伝する方法はホームページとＳＮＳしか思いつきませんでした。広告手段として思いついたのが、折り込み広告とインターネット広告です。

○折り込み広告とインターネット広告

まず折り込み広告について説明します。ネットや電話で注文をもらい、商品を配達できるように注文票をつけた広告チラシを2万部印刷しました。それを商工会議所の会員誌に約6000部、自動販売機のある鹿児島市春山町周辺に配布されるフリーペーパー「リビングかごしま」に1万部折り込みをしました。

商工会議所の会員誌の折り込みは6000社に1枚10円で届けてくれます。まずは地元・鹿児島の経営者の皆様に別途あいさつも必要と考えていたことへの取り組みでもありましたが、企業からの注文はなく、結果は1件。費用対効果は大赤字で、経営者へのアプローチは大失敗でした。

逆にフリーペーパーへの折り込みは、コストが1枚3円ですが、さらに地域を限定して配布しました。今までは拉麺店のお客様がついで買いで利用されているのが主でしたが、メイン読者層である独身女性や主婦に情報が届くと、拉麺店の営業時間外の利用が目立ちました。開店前の9時やお昼休憩の15時ごろに2人以上で買いにきて談笑したり、仕事帰りの夜中に寄ってすぐに帰ったりと、自動販売機を目的に来てくれる人が増えてうれしくなりました。

インターネット広告はグーグル広告を運用しました。検索サイトのグーグルは無料アカウントを持っていれば、誰でも広告を出稿できます。鹿児島市を中心に半径100キロ圏内、3か月で6万円の予算で広告を配信したところ、延べ156万回、携帯やパソコンに表示されました。広告予算は1日あたり、約666円です。たった1円で26回表示されたと試算できます。その広告配信に関心があるとグーグルから認識されている人を対象に表示される仕組みです。

8割以上の消費者は広告に慣れてしまっているため、表示されても簡単にクリックせず、初回の広告表示から購入までに時間差があるのが、最近の購買行動と言われています。何度か広告が表示され、調べてから購入すると考えられています。クリックされなくても、少ない予算で広告が多く表示されれば、紙媒体の広告と比べて、広範囲に認知され費用対効果は高いです。流行に敏感で、自ら情報を収集して判断したい早期購買者層なら珍しい広告があると、すぐクリックしてくれるかもしれません。

メディア取材がなかったら、広告予算を取って、インターネット広告を続けていたかもしれませんが、ある日フリーペーパーの折り込み広告を依頼した営業担当者から電話がありました。生パスタを売る自動販売機について、営業担当者から社内の記者に話が伝わり、特集で取り上げてもらうことになったのです。初めての取材で1つの質問に長々と回答してしまい、3時間ほどかかりました。丁寧に取材していただきましたが、もっと簡潔に回答したいと思い、事業資料を作ることにしました。取材は無事終わりましたが、新型コロナウイルス感染が広がり始めたタイミングだったため、特集掲載まで1か月かかりました。

○「自宅で食べられるプロの味」特集

新型コロナウイルスで外出自粛が言われ始めた頃です。フリーペーパーの取材の次は、地元テレビ局のディレクターから、問い合わせが来ました。どうやら通勤途中で面白い自動販売機を見つけたから、取材したいという電話でした。弟の拉麺店に迷惑をかけないよう、取材日は拉麺店の定休日にしてもらいました。外出自粛のため鹿児島県で一番大きな商店街の天文館でも売上が平均20％落ちたけど、コンビニのビールが売れているとのこと。そこで取り上げられたのが、「自宅で食べられるプロの味」特集です。スリランカカレーやホテルカレーのテイクアウト商品、ケータリングサービスと合わせて、生パスタの自動販売機が紹介されました。外食したときと同じ味で、しかも安いなどの共通点がありました。今回の特集の出発点は、パスタでも、自動販売機でもありません。コロナになって外出自粛している視聴者が求めているのは、「自宅で楽しめるプロの味」だとディレクターが企画を立てたことです。

本当に弟の拉麺店と同じ味なのかと、番組では目隠しをした女性レポーターが、お店の醤油拉麺と、自動販売機の醤油拉麺とで味比べ判定をします。どちらがお店の拉麺か当てるという企画です。なんと女性レポーターは自動販売機の拉麺を選んでくれました。現場の撮影風景を見る限り、やらせはなく、不正解だったわけですが、番組的には一番面白かったと思います。お店の冷蔵庫か、自動販売機の冷蔵保存かだけの違いなので、もともと、どちらも同じ麺とスープなのです。どちらかを選ばなければいけなかった女性レポーターは大変だったと思います。

自動販売機を設置して、毎月、1・5倍のペースで、売上が伸びていき、4か月目のことです。最初のテレビ放送は4分と放送時間も長く、「なぜお店と同じ味なのか」「美味しさの秘密」も本格的に紹介されました。4月3日のテレビ放送のあと、番組内で特集された醤油拉麺だけ放送前の5倍、1か月で158食売れました。鹿児島では珍しい鶏ガラのあっさり醤油味の拉麺だけが顕著に売れたので、**初めてテレビで紹介され、売上に直結**したのがとてもうれしかったです。自動販売機を設置したことで、弟の拉麺店もテレビで紹介していただくという二次的効果もありました。

○個人拉麺店の月間販売数に匹敵する販売達成

テレビの取材が終わって数日後、待ちに待ったフリーペーパー掲載号が5月中旬に配布されると連絡がありました。フリーペーパーは、主に鹿児島市の27万世帯に配布されます。広告掲載でもなく、折り込みでもなく特集記事です。主婦や独身女性に関心の高いコンテンツで人気があり、フリーペーパー本誌のトップで紹介されました。トップということは、ページを開かなくても、誰の目にも飛び込む場所です。5月だけで生パスタと生中華麺が2000玉売れました。設置した初月の6倍です。製麺メーカーに聞くと、個人拉麺店の月間販売数に匹敵する販売数です。配布されて10日間で23万円、1か月で47万円の売上を達成しました。このときは、自動販売機の商品が空っぽになって、1日に3回補充をし、搬送リフトの潤滑油がきかなくなって故障するほど自動販売機も一生懸命に働いてくれました。

忙しい5月が終わって6月になると、BTVケーブルテレビ鹿児島局から取材を受けました。ケーブルテレビは放送エリアが限定されており、リアルタイムで見る手段がなかったので、後日DVDをプレゼントしてもらい、家族みんなで楽しんで視聴しました。

初めて製麺工程も取材してもらいました。

ラジオ「モーニングスマイル」に生放送で出演したのは、8月7日。数日前に電話で打ち合わせをし、当日を迎えました。聞くところによれば、ラジオのリスナー投稿から取材につながったとのことです。生放送だったので、聴衆がいれば盛り上がると考え、来てくれる方には生パスタプレゼントの告知をインスタグラムで行いました。朝の忙しい時間にもかかわらず、10名ほどのお客様に集まっていただき、にぎやかになりました。ラジオが伝えられるのは音だけなので、自動販売機内で搬送リフトが商品を運んでいる音を流すとか、工夫しているのが特長でした。生放送で割り当てられている時間が決まっている分、数分に収める瞬発力はすごいと感じました。

○ 生パスタではなく、自動販売機を売る？

これだけ忙しくなると、生パスタを売ることよりも、自動販売機をもっと増やそうと思い、**商工会議所に相談**しました。生パスタを売るのが主軸なのか、自動販売機の展開が主軸なのか、迷走が始まりました。高層マンションの入口に自動販売機があったら住んでいる方に使ってもらえるとか、クラブやキャバクラがある地区なら、お店のメニューとしてパスタを出したり、仕事で疲れたあとにパスタが食べたくなったりするだろうなど、いろんなお客様を想定しました。ケーブルテレビの営業経験があったので、集合住宅の付加価値を上げたり、差別化になったりする提案にオーナー様は興味があると仮説を立てました。いくつか不動産店を回り、生パスタを自動販売機で販売しているので、設置を検討したいオーナー様がいたら紹介してほしいと、あいさつをしました。1件興味を持ってくれたオーナー様がいましたが、コロナによって退去者が出たようで、話は立ち消えになりました。

ここまで起業して1年ちょっと、疲れが出たのか、体の節々が痛み出しました。我慢もできなくて、以前からお世話になっている整体院に連絡しました。起業する8年前、顔に30針縫うほどの交通事故を起こし、むち打ちで6か月間寝たきり生活を送っていたときに、お世話になった先生に会いに行きました。施術中の世間話から事業の悩み話になり、自動販売機の置き場所について見送りがあった話をしたところ、先生は少し考えてから「谷山にアパートがあるから置いてみる?」と言われました。先生もいったん思いつくと、行動しないと気が収まらない人です。夕方最後の診察だったので、施術後早速2人で設置場所を確認しに出かけました。到着したのは、鹿児島の夏が終わり、暗くなるのが早くなった頃でした。自動販売機の2台目を設置するのは、ニュースになると考え、私からメディアに連絡する手段はないかと、「よろず支援拠点」に相談しました。

○お金を払って広告掲載できても、記事欄掲載はできない

よろず支援拠点は全国にあります。ここは中小企業・小規模事業者のための経営相談所で、何度相談しても無料です。特に何かをしてくれるわけではありませんが、相談して方向性が決まることもあります。経営者は孤独なので、話を聞いてもらうだけでも利用する価値は大きいです。生パスタを作って、自動販売機で売っていても、いまだに何をやりたいのかが明確になっておらず、コンセプトやブランディングの相談をしていました。自動販売機の設置をメディアで取り上げてもらう方法を相談したら、「プレスリリース」のノウハウを教えてもらえました。

「プレスリリース」をググって、アマゾンで検索すると、面白そうなタイトルの本が2冊見つかりました。図書館のホームページ検索で『0円PR』を見つけ、本屋で『小さな会社のPR戦略』を見つけました。

ほかに『誰も知らない男：なぜイエスは世界一有名になったか（旧版：イエスの広告術）』、『あたりまえのアダムス』からも、情報発信に関するヒントが見つかると思います。

本題に戻ると、メディア取材を獲得するには、メディアアプローチが一般的です。テレビ局、新聞社、出版社などのメディアへ取材してほしい旨を伝えます。大抵はメディア関係者との伝手がないため、県庁や市役所に詰めている各メディアの記者宛てに、A４用紙１枚のプレスリリースを作成して送ります。プレスリリースを出すのは、メディアに伝手がなくても、誰でもアプローチできる方法です。取材されれば、広告欄ではなく、記事欄に掲載されます。

広告はお金を払えば必ず掲載できますが、記事欄はどんなに掲載してほしいと思っても、誰でも掲載されるわけではありません。なぜなら、記事欄の役目は、お店の宣伝ではなく、読者や視聴者の役に立つ情報を届けることだからです。自社の商品やサービスをテレビや新聞で紹介してほしくて、新商品や新サービス自体のＰＲをダイレクトにアプローチしている方が多いようです。しかしそのようなプレスリリースを書いても取材が来ないと嘆いているケースが多いように思います。

私がプレスリリースを初めて書いたのは、１台目の自動販売機を設置して、８か月が経った頃です。**プレスリリースは、○○初とか、最大○○のネタが好まれる**と言われています。新商品を切り口にして、私がプレスリリースを書いたのは、２台目の自動販売機を設置したときだけです。そのために、商品の最大収納数をタイトルにして、自動販売機設置の1か月前にプレスリリースを出しました。

鹿児島市初、最大120種類を収納できる自動販売機

鹿児島市谷山地区でも生麺・生パスタの無人販売が決定

私は多くの取材を獲得しましたが、実は生パスタを取材したいという内容で依頼が来たことは一度もありません。取材獲得の鍵はそこにあると思いますが、詳細は後述します。生パスタについて紹介される部分は、最後の最後、おまけのようにほんのちょっとだけです。生パスタの自動販売機が主軸にあるものの、取材の切り口はそれぞれ違っていました。

また、クラウドファンディング資金調達というタイトルでプレスリリースを2週間前に出しました。2台目を「弐号機」と名づけたのは、男性が好むロボットアニメを想像させると思ったからです。

鹿児島市初、最大120種類を収納できる自動販売機

クラウドファンディングREADYFORにて資金調達

生麺 × 弐号機

2回目のプレスリリースで、取材の問い合わせが来ました。自動販売機が現場に到着した10月20日から、ＫＫＢ鹿児島放送「Ｊチャン＋」の取材が始まりました。同月27日販売開始の直前まで撮影があり、夕方にタイムリーな話題として放送されました。報道番組のニュースとして取材されたのは、これが初めてです。すでに何度も取材を受けているので、インタビューされても落ち着いてゆっくりと話せましたし、ジェスチャーも入れる余裕がありました。1日5万人が来場するディズニーランドで働いていた経験があったのと、何を質問されても簡潔に説明できるように、コンセプトやブランディングをまとめていたのが役に立ちました。本を読むだけでなく、よろず支援拠点に足を運び、頭の中にあることを聞いてもらっていたおかげで、うまく取材を乗り越えました。

「これでだめだったら辞めるだけなんで」というコメントに、後日放送を見た息子の保育園の先生から、「主人とめっちゃ共感した」と感想をもらいました。新しいことを始めたいのに、今取り組んでいることが止められない人にとって、共感するメッセージになっていたようでした。この頃は、広告も打たず、メディアの取材だけで安定して、毎月８００〜１０００玉の麺が売れるようになっていました。

○全国放送がやってきた

自分で投稿したのも忘れていた11月10日、**テレビ朝日の「ナニコレ珍百景」**から突然電話がありました。自動販売機を設置してすぐの2月、テレビ番組のホームページを見て、自分で投稿していたのです。テレビは誰でも簡単に投稿できる場合もあるので、取り上げてほしい番組があったら、ホームページを探して、視聴者投稿をすれば、取材してもらえるかもしれません。普段なら、投稿を見てすぐに取材をする予定だったそうですが、コロナの緊急事態宣言と移動自粛のため延期になり、その後、感染拡大が少し収まり、やっと県外に取材できるようになったので連絡できた、と聞きました。

自動販売機を設置した当初は、自分でも珍しさをアピールしたい気持ちが抜けなかった頃で、「ナニコレ珍百景」の取材が来たらうれしいなと思っていましたが、その頃には、生パスタの自動販売機は珍しい！という気持ちが薄くなっていました。すでに5回も取材を受けていれば、投稿した当時と比べて、珍しさ感よりもあたりまえ感が強くなっていたのです。生パスタを自動販売機で売っているだけでは、どこが珍百景かなと感じていたので、投稿した当初の内容と異なり、改めてディレクターが来てから「どこが珍しいのか」のコンセプトを作りました。オゾンで殺菌する唯一の自動販売機として特許出願していたので、オゾンを軸に取材してもらいました。

12月13日の放送で「オゾンで殺菌消臭している自動販売機です」とコメントしていたら、スタジオで「オゾンで」「ええー」と目を剥いて驚く反応でした。ここから、オゾンの説明が入り、笑いを取る間もなく、次の珍百景になりました。同じ鹿児島県の、桜島火山灰の自動販売機が紹介され、セットで登録決定になりました。バラエティとしては、テレビを見ている視聴者を笑わせることもできず、わざわざ東京から取材に来たディレクター泣かせの取材になったのではないかと少し申し訳ない気持ちになりました。

ちなみに取材のお礼として番組特製のクリアファイルとボールペンをいただき、さらに放送で採用され謝礼をいただきました。バラエティなので、もう少し笑いを入れられるような工夫をすればよかったなと反省が残ります。とはいえ報道番組だけでなく、バラエティの全国放送で取材していただいたのはありがたかったです。

この頃になると、ＭＢＣ南日本放送「てゲてゲ」でユニークな自動販売機の特集が始まりました。珍しい自動販売機ということで、自動販売機のメリットや利便性、操作方法が紹介されました。「美味しかったです。もっちもちして。主人にも好評で」とか、「子どもと一緒でちょこっと食べたいときでも、時間も気にせずにできて……」とか、たまたま買いに来ていた奥様のコメントをいただきました。

次に製麺中に、様々な職業を経験してきた私のストーリーを紹介してもらいました。独学で始めた麺作りの中で、こだわりを質問されたとき、「小麦粉がどのくらいの水を求め、どのように練ってほしいのか、小麦粉の声を聴かなきゃいけない、けどまだそこまで行ってなくて」と禅問答のようなコメントをしました。スタジオは共感のうなずきをしていましたが、もっとリアクションの取りやすいコメントがあったのではないかと反省しました。自動販売機と一緒に、弟の拉麺店や2台目の自動販売機も同時に紹介してもらいました。放送も取材から約1週間後の11月25日と早かったです。

○緊急事態宣言で取材は未定延期

テレビ東京「所さんの学校では教えてくれないそこんトコロ!」では、番組内で珍しい自動販売機のコーナーがありました。番組取材担当者さんから聞きました。SNSで見つけたと、番組取材担当者さんから聞きました。インスタグラム、フェイスブック、グーグルサイト、グーグルマップで検索すると生麺生パスタの自動販売機が表示されるようになっていて、そのうちの何かが目に留まったのかもしれません。2020年の年末から電話で取材があり、1月12日に現地取材を受ける予定でした。ところが、2021年1月7日に緊急事態宣言が発令され、県外への移動ができず、取材は未定延期になりました。

取材が再開されたのは3月19日、取材問い合わせの電話から3か月が過ぎていました。取材のときには、テレビ東京での放送は5月14日と決まっていました。鹿児島でも火曜日深夜に放送していましたが、およそ3か月待ち、しかもダイジェスト版なので、放送されるのかどうか心配でした。いつ放送されるかわからず待ち望んでいたら、8月17日、番組トップで、カットもなく、放送していただきました。

番組では、日本全国【珍】自動販売機のコーナー、「自宅で手軽に本格的〝生〟が美味しい？・？・？の自販機」と、クイズ形式で紹介されました。「屋根付きで」「生がつくものだよね」「安い」「軽い」とか出演者のつぶやきが随所に聞こえます。ヒントが小出しに出て、途中で私もコメントしますが、滑らかに説明できました。この頃は、かなり取材慣れしていて、「なぜ拉麺店の前でパスタを売ろうと思ったのか」というストーリーと、多い月では1500玉売れている実績を紹介しました。またしても全国放送されるなんて、起業当初からするとまったく想像もしないことが続きました。

○鹿児島県の民放局すべてに取材されました

年明けの2021年1月26日、KTS鹿児島テレビ「かごnew」の取材がありました。これで鹿児島の民放局すべてに来ていただきました。小雨の中、カメラマンと女性のレポーターが元気いっぱいにレポートしてくれました。このときも試食の撮影になると、男性ディレクターさんは拉麺を食レポする方針でしたが、女性が食べるなら生パスタの方がいいと思い切って提案したところ、生パスタの食レポに変更していただけました。今までの取材をふり返ると、男性ディレクターは決まって拉麺を選んでいたのですが、女性が食べるなら、拉麺よりパスタを食べている方がビジュアル的にいいと思いました。

取材から1週間後、2月4日の放送では、「究極のおひとりさま！　変わりダネ自動販売機発見記特集」でした。コロナ禍でアイデア満載の自動販売機の1つとして、さつま揚げや卵と一緒に紹介されました。こだわりについてもインタビューされたので、保存料を使用していないと説明できました。それと実際に自動販売機でパスタを取り出す場面があり、後の試食では、「自動販売機でこのクオリティーすごい。超本格的」と感想をもらいました。どちらかといえば、「珍しい自動販売機」、「美味しい生麺」、「バラエティ」というカテゴリーで取材していただきました。**ほぼ2か月に1回は取材を受けている**状況で、それはありがたかったですが、いっぽうで生パスタの販売は私のビジネスの1つの側面にすぎないなとも感じており、それ以外の部分をしっかり伝えていないなと反省しました。

○同じ番組で2回目の取材

そのあとも、南日本新聞の経済面担当の記者さんから取材がありました。1時間の予定でしたが、30分ほど延長し、ノート数ページにびっしりメモを書いておられました。ペンが進むときと、進まないときを見ると、今のコメントは使ってもらえるかなとか、今のコメントは記者の関心を引かなかったとか、楽しく取材を受けました。「ユニーク自販機続々」という見出しで4つの自動販売機と一緒に掲載されました。このときは、記事のみで写真が掲載できないからと、記者さんの配慮で、さらに別記事で経営者の単独紹介記事を顔写真付きで掲載していただきました。

1年6か月後に、KYT鹿児島読売テレビ「かごピタ」に再度取材してもらいました。同じ番組からもう一度取材が来るのは驚きでした。テーマは「自宅で食べられるプロの味」特集ではなく、コロナ禍でテイクアウトの需要と合わせて、自動販売機の需要も高まっているという趣旨の「鹿児島ビックリ自販機！」特集でした。餃子、クルマエビ、昆虫食と一緒に紹介され、またまた、味比べ判定をしました。前回は醤油拉麺でしたが、今度は激辛麻辣麺で味比べです。はてさて、前回のリベンジができるのか。男性レポーターは、麺とスープの食感に違いがなかったものの、お店の方が温かいと気づいていましたが、逆張りの深読み回答をしたため不正解。自動販売機とお店の麺を反対に答えてしまい、リベンジはかないませんでした。

このときは2台で毎月売上30万円以上の実績が紹介されています。そもそもなぜ始めたのか、どんな実績があるのかは、鉄板の質問です。直近の実績を具体的な数字で返答できるように事前確認をするなど準備ができていたので、和気あいあいながらも取材時間は短くなりました。放送枠が2~4分でも、現地の取材に1~2時間と帰ってからの編集時間を含めると大変な時間を費やしています。長時間取材してもらってうれしかった、ではなく、圧縮して淡々と取材を受ける方が親切と思うようになりました。

○取材がなくなって

ここまで、鹿児島県のローカル局と全国放送、フリーペーパー、新聞、ラジオと、取材という取材はかたっぱしから受け、一通り終わった感がありました。年が明け2022年

3月、所属している商工会が発行している無料リーフレットに掲載していただきました。さらに、2台目の自動販売機が設置してある地区に分譲マンションが建つことになり、販促宣伝用の冊子作成のため、特集に生パスタの自動販売機を取り上げていただきました。

分譲マンションと地域の美味しいお店紹介の冊子を自動販売機の傍に据え置くだけでなく、銀行向けの補足資料にしたり、お取引先にお渡ししたりして活用しました。自分で作る資料ではなく、**第三者の視点で紹介されたリーフレットや冊子は説得力が高い**ように感じます。メディアに取り上げてもらえるほどに成長したことも伝わります。実際、銀行に持っていくと、銀行の担当者がリーフレットを使って、お取引先にお話を何度もしてくれました。リーフレットが足りなくなったときは、追加で200枚くらい、商工会にもらいに行きました。本書執筆中、最後の取材は、2022年8月、「TJカゴシマ」9月号の自販機とキッチンカーの世界特集でした。

すべての取材が放送されたかというとそうでもなく、放送されなかった取材もあります。コロナで経営が厳しくなったから自動販売機を設置したのですか、と質問されて、「違います」と、何度も説明した取材もありました。どうやら、テレビ局のディレクターによって番組の筋書きが決まっていたようなのです。取材担当者はどうしてもその方向で放送したかったらしく、何度も同じ質問をしてきましたが、丁寧に何度も説明しました。コロナで苦戦している事業者が頑張っている姿を放送したい趣旨に合わないため、結局放送されませんでした。自動販売機を設置したのは、新型コロナウイルス感染症の流行が始まる前だったのに、コロナだから設置しましたと放送されてしまっては、ずっと嘘をつき続けなければいけません。嘘の整合性を保つために、もっと大きな嘘をつくこともあります。嘘をつき続けるのは無駄な労力です。

○ 取材されたコンテンツがブランディング

メディアは取材を受ける側の宣伝広告のためではなく、視聴者や消費者のために取材制作をします。視聴者や消費者の視点に立ってくれるので、メディアの取材を受けることで、今後の事業展開のヒントにつながります。今や美味しく作るのはあたりまえで、味や品質以外でメディアは何に興味を持ったのかを知ることで、社会や市場が求めているものを知ることができます。

大半の方はメディアで紹介されれば、お客様が増えて、勝手に売上が上がると期待をしているそうです。取材ブームのときだけ忙しかったとか、思ったほど反響がなかったなんて愚痴も聞きます。確かにインターネットが普及し、リアルタイムでテレビを見る人は減っているので、以前と比べてメディアの影響力は落ちています。では、メディアで放送されても、効果がないのか、意味がないのかといえば、私はそうは思いません。取材された側がテレビや新聞などのメディアで取り上げられたあとに、どのようにメディア実績を活用するかがポイントだと思います。

たとえば、「所さんの学校では教えてくれないそこんトコロ！」や「ナニコレ珍百景」で紹介された生パスタです、とPRできます。美味しいパスタは、誰でもPRできますが、全国放送されれば全国に向けて、ローカル局で放送されれば地域密着でPRができるのは、メディアに取り上げていただいたからです。**「〇〇で紹介された」は、メディアに取り上げてもらった人だけの特権キーワード**です。一度メディアに紹介されれば、今後永遠に使えるビッグキーワードになります。また取材を受けると、認知度も上がりますが、自分自身がどのように見られているのか、相手がどのように見ているのかがわかります。掲載された記事や放映されたコンテンツを見ても、とても参考になります。

私はどちらかといえば、売上実績よりもメディア実績に関心がありました。売上実績は、天候やコロナなどの影響を受けるので、調子のいいときも悪いときもあります。天候やコロナは自分ではコントロールできることではありません。しかしメディアで取り上げていただいた実績はいつまでも残り、消えてなくなることはありません。売上が良くてもメディアが取材に来るとは限りませんが、どのような方向性で取材を受けたいのかなど、準備だけは自分でコントロールできます。売上を上げるため、メディアの公認になるような事業体質にする、これは努力できることです。メディアが来れば、メディアの先にいる視聴者や読者の公認になったようなものです。

○取材を受ける前の準備

メディアで実態と異なる紹介をされたという話を聞きますが、私のこれまでの経験から、それは準備不足、認識不足、危機管理不足だと考えています。まず取材に来る方は基本忙しいです。だから事前に想定される質問を整理し、質問が来たら、一言か二言で答えられるように準備していました。たとえ言い足りなかったとしても、さらに深掘りするような追加質問が来るので大丈夫です。もし続けて質問が来なかったら、回答が悪かったか、その取材に関しては大事なポイントではなかっただけのことです。

取材の質問が繰り返されたり、似ていたりする場合には、取材側の納得いく回答になっていないと考えられます。質問に対して、より深く考え抜いたもの、芯が通ったものでないと、取材者は伝える責任感から、再質問してきます。同じ質問ばかりになるときは、そういう理由だと思います。初めて取材を受けたときには、言葉選びができていなかったので、長時間の取材になりました。1年前の取材をもう一度受けるチャンスがあったら、今ならすっきり取材に応じられるだろうと思います。

取材が編集されて、一度に全部が完璧に紹介される方が珍しく、限られた放送時間や枠の中で紹介されると一面的になることも珍しくありません。限られた取材の中では言い足りなかったこともきっと出てきます。そこで、事業資料をパワーポイントにして、いただいた名刺に書かれたメールアドレス宛へ送ったり、プリンターで印刷して直接手渡ししたりして、間違いなく意図が伝わるようにしました。事業資料があれば、メディアの方が夜中に編集作業をして、わからないことがあっても、滞ることなく仕事ができます。事業資料を渡していたので、取材後に追加の問い合わせはありませんでした。

取材中に、芸能人で似ている人は誰？という雑談がディレクターに刺さり、放送にも使われました。雑談は準備していなかった発言でもあるので、ふと漏れてしまった本音が予想外のＰＲになるかもしれません。ただ放送時間や掲載枠には限りがあるので、せっかく取材されても本題からそれたコンテンツが紹介され、そのせいで時間が足りなくなって本題が十分に放送されなかったなんてことがあってはいけません。雑談とはいえ、発言には気を付けたいと思いました。

テレビや新聞で紹介される前に、取材内容をSNSなどに公開してしまうのはNGです。では、取材されたことをどうやって事前PRするかというと、取材を受けたことや取材風景をPRします。本編コンテンツに触れず、〇〇さんが取材に来てくれましたと、ホームページやSNSで告知すれば、テレビを見てもらえるわけです。取材者の個人情報に触れないように配慮し、かつ許可を得て、写真や動画を撮影します。色紙にサインをもらったり、記念撮影したりできるなら、極力お願いします。ですから、色紙とマジックペンは取材の前に準備しておきました。耳から入る言葉は右から左に流れていきますが、サイン入り色紙が店舗などに飾ってあれば何だろうと興味を持ってもらいやすく、会話のきっかけにもなります。色紙は額縁に入れて飾り、ホームページやSNSで発信すると、差別化されたコンテンツとして有効です。

最後は、嫌々取材を受けないことです。事業の趣旨と合わなければ、断ることも大切です。どのように放送されるか、どのように掲載されるかは、コントロールできることではありません。取材を受けたあとは、各メディアの自由に制作してもらいました。取材を受けるときは、どのような放送になろうとも受け入れる心構えでいます。放送されたものが、他人から見た正しい姿だろうと思うことにしていました。放送を見て、自分の表現に違和感があれば反省し、自分のイメージが他人にうまく伝わるように擦り合わせる作業を繰り返します。

○ 取材を受けて手に入れるもの

取材されて、放送されて後悔したなんてもったいないことです。所さんの番組では、クイズ形式で放送されました。すでにシナリオがあり、クイズに合わせて、回答していき、番組制作にとても楽しく参加できました。どのように編集されるかは制作サイドの問題なので、口出しせずに作ってもらったものがすべてと割り切ることにしました。幸い放送を見て、違和感はありませんでした。コメントに関しては、専門用語を使わず、日常会話で使うようなわかりやすい言葉を選ぶよう心がけました。どの取材も、料理を撮影するときは、かなり時間をかけていたのが印象的です。湯気の写し方や麺の見せ方など美味しそうに撮影するのは、本当に難しいです。

経営者ならすぐにでも全国放送で紹介してほしいと思うのは当然でしょうが、しかし私の場合、コツコツと活動して、地域のメディアに紹介されたからこそ、全国放送につながったと思います。いきなり全国放送になっても、適切なコメントができたかどうか疑わしいし、地元の取材を何度か受けていたおかげで、全国放送の取材も難なく乗り切りました。私がどんなに美味しいというより、第三者が美味しいといってくれる方が効果的です。全国放送のテレビ番組で紹介してもらえれば、PRの素材として、大変ありがたいことです。

○ 情報は味覚ではなく脳を刺激する

次のどちらがお客様の興味を引くでしょうか?

A　(飲食店おすすめ)美味しい生パスタ
B　全国放送の「(番組名など)」で紹介された生パスタ

Aは誰もが自分の商品はいいと信じていますし、誰でも言えることです。Bは、メディアに取り上げてもらった客観性が付加されています。食べたことがなければ味はわかりませんし、初めてのときは、じつは誰もが美味しいと確信してお金を払っているとはかぎりません。自分よりグルメな知人やメディアから、美味しいと期待させてくれる情報を知ったので、私たちはお金を払って、それを食したり、購入したりします。リピーターの心をつかむのは味ですが、まだ食べたことのないお客様、新規客の心をつかむのは情報です。情報を舌で感じることはできません。情報は脳で処理されるものです。**新規客の心をつかむ情報はメディアやお客様の声によって作る**ことができます。

２０２０年３月の取材問い合わせから、２０２２年の雑誌掲載まで、未掲載・未放送を含め15件の取材を受けました。テレビや新聞で取材されても、どのように放送されるのか、どのような記事になるのか、私にはコントロールできませんが、実は、取材で１つだけお願いしていたことがあります。自動販売機の取材でも、弟の拉麺店が紹介されるように、必ず弟の拉麺店「暖気家《のんきや》」というキーワードを入れてもらえるようお願いしました。１台の自動販売機だけでなく、２台目の自動販売機や弟の拉麺店を紹介していただいたので、１回の取材で３か所が無理なく自然に紹介されるように、効果抜群のＰＲができました。ここでは、私個人の事業における販売実績を紹介しましたが、弟の事業における販売実績もよかったと想像しています。弟の拉麺店のお客様が増えれば、中華麺の使用量が増えて、私の売上実績が自然と上がるからです。メディア取材でいただいたサイン入り色紙を製麺所に飾り、新聞や雑誌の記事をラミネート加工して自動販売機の側に掲示しました。ホームページやＳＮＳに取材実績を掲載すれば、たんなる商品説明をしている他社との差別化ができます。食べてもらえればわかるならば、新規客の心をつかむために、味覚を刺激する情報をどれだけ作り出せるかを大切にしています。

○自動販売機で生パスタを売っているから取材が来た！

犬が人を噛んでもニュースにならないが、人が犬を噛めばニュースになる、とよく言われます。生パスタがスーパーの棚に並んでいても、誰も注目しないでしょう。一般的なイメージを覆して自動販売機の中に生パスタがあるから、テレビ番組で取り上げてもらいやすかったと思います。付加価値とも、独自性、強み、USP（ユニーク・セリング・プロポジション：Unique Selling Proposition）とも言われますが、生パスタに自動販売機という「+α（プラスアルファ）」の付加価値をつけたことで、メディア取材の機会をいただきました。先にメディアアプローチをするのなら、プレスリリースと書きましたが、取材された経緯を整理すると、以下の通りです。

・フリーペーパーの折り込み広告から取材につながった
・「南九州初」のプレスリリースを配布したら、取材問い合わせが来た
・自動販売機がメディアディレクターの目に止まった

・テレビ番組のホームページに投稿したら、取材が来た
・インスタグラムの検索で、番組制作者に伝わった
・ラジオのリスナーが投稿してくれた
・融資してくれた銀行が紹介してくれた
・自動販売機の販売店やメーカーから紹介された

このように、必ずしもプレスリリースだけが取材の糸口だったわけではありません。自動販売機で生パスタを売っていたから簡単に取材が獲得できたと、単純にあなたが思っているとしたら、おそらく取材獲得はできても有効活用は難しいと思います。2年間にわたって、数多くのメディアに取り上げてもらえたのは、広告も含め、ホームページやSNSを使った広報活動に統一感があったからと思われます。どんなに素晴らしいものを作っても、伝えなければ無いのと同じです。プレスリリースを書かなければ直接メディアに伝えることはできません。プレスリリースを出しても取材されるとは限りませんし、大変さも実感しています。実際プレスリリースをきっかけにして、取材につながったのは2台目の自動販売機を設置したときの一度だけです。プレスリリースは20媒体に届けて、1媒体から問い合わせが来るかどうかぐらいの確率です。ですが取材が来るかどうか

わからないからといって、プレスリリースを出す価値がないかと言えばそうではありません。プレスリリースをおろそかにせず、1つの布石を大切にしたからこそ、そのまた次の取材獲得ができたと私は思います。

さらに現代は情報革命が進み、処理が追い付かないほど、私たちの日常には情報があふれています。もっとも伝えたい1つ目のメッセージで振り向いてもらうことが大切です。もし生パスタの品質と、生パスタのユニークな販売方法があって、伝えるメッセージをどちらか1つしか選べないとしたら、どちらを優先したらいいのでしょうか。生パスタの品質やこだわりは真似されやすく、誰もがしていることなので、メッセージの違いが伝わらず響きにくいです。開発ストーリーやメディア実績のような独自性は真似されにくく、ほかのサービスと異なり、メッセージは響きやすくなります。せっかくメッセージを送るなら響きやすい方がいいですよね。

メディアに取り上げられると、人気が出て売上が上がるだけでなく、社会性や新規性がある事業と認めてもらいやすくなります。金融機関の融資や補助金申請などでも信頼性が上がるので、事業支援を受けやすくなります。いかがでしょう、テレビや新聞で紹介される効果と活用のイメージが変わりましたでしょうか。起業するときはメディアのＰＲ活用を考える方も多いと思いますが、私の体験が、少しでも参考になれば幸いです。

取材を受けて4年目に突入した山の中の麺職人の、そもそもどこから起業が始まったのか、これからどんな展開を見ているのか、それを4章以降でお話ししたいと思います。

4章

じゃあどうしたら私は起業できるの？

江戸時代中期における代表的な茶道の書の1つ、『茶話指月集《ちゃわしげつしゅう》』には、千利休の逸話が収められています。千利休の庭いっぱいに朝顔が咲いているという話が、太閤秀吉の耳に入りました。太閤秀吉が楽しみに見に行くと、すべて切り落とされていました。茶室に入ると一輪の朝顔が生けてあり、太閤秀吉は大層感動したそうです。

右のエピソードは私自身のことに重ね合わせたくなります。社会には魅力的な仕事がたくさんあります。私はたくさんの可能性の中から、1つを選べませんでした。それは庭いっぱいに咲く朝顔の中からどの朝顔を愛でたらいいのかわからないようなものでした。その中から1つだけ自分の仕事を選ぶために、魅力的な仕事に飛び込んでは辞めてきました。「一輪の朝顔」を見つけるまで、大変長い時間を必要としたのです。

○ 生まれつきの起業家ではなかった私でも

私は大学在学中、父の勤める会社の面接を受けました。ところが「どうやら君はここに来たくないみたいだね」と面接官に心の内を悟られてしまいました。進路が見えていない私に対して、法学部の教授は家裁調査官という職を勧めてくれました。大学を卒業すると、月曜の夕方から大学院で「憲法誕生」のゼミに参加し、木曜日は大学1年生と2年生と一緒に基礎英語を学び、金曜日の夜は横浜朝日カルチャーセンターで『自由の哲学』を読む。空いた時間は事務所の施工のバイトと中華料理店のバイトを掛け持ちする。そんな1年を過ごしました。

国家試験に2回落ちて、家裁調査官の道をあきらめた私は、『若草物語』の作家、ルイザ・M・オルコットが住んだ町を訪ねる一人旅に出ることに決めました。法学部の枠を超え、『若草物語』の作家と、『若草物語』福音館書店版の挿絵を描いたターシャ・テューダーに興味があったからです。私は、都立日比谷図書館（現日比谷図書文化館）に通い、彼女が19世紀のライフスタイルを実践しているというニューヨークタイムズの記事を見つけました。彼女の住所を知ると、どんなライフスタイルを送っているのか自分の目で確かめたくて、居ても立ってもいられなくなりました。アルバイトを辞めて、手許にあった20万円で3週間、ボストンへ出かけたのです。大学を卒業して1年2か月後、１９９７年の6月中旬のことです。

『若草物語』の作家が住んだ町、コンコードはマサチューセッツ州ボストンから電車で30分ほどかかります。ヘンリー・D・ソロー著『森の生活』の原題となったウォールデン池をぐるりと歩き、駅前のスターバックスや地元の図書館を満喫しました。2つ目の目的地、ターシャ・テューダーが暮らすバーモント州に向かうため、ボストンから長距離バスに乗り、そのあとはヒッチハイクを数回繰り返し、目的の町にたどり着きました。いろんな人に助けられてたどり着いたのに、なぜ訪ねてきたのかを近所の人に説明できず、ターシャ・テューダーその人に会おうというその目前にしてあきらめてしまったときは、涙がすーっと流れ落ちました。ボストンへ行って大きく変わったのは、ユースホステルのお母さん、電車内で切符を切る車掌さんに出会い、「働きたい」気持ちが強くなったことです。

帰国後、正社員として最初に就職したのが、「料理の鉄人」として有名なシェフのフランス料理店です。求人誌にあった鉄人のイラストを見て、ホールスタッフとして働きたいと純粋に思いました。しかし高級フランス料理店という業界で働く自信なんてありませんでした。大学の第二外国語でフランス語を専攻し、東京ディズニーランドで働いた経歴だけです。それでも面接で落ちるかどうかなんて受けてみないとわからないと腹をくくっていました。10数名の応募があったそうですが、鉄人本人に面接していただき、私だけがホールスタッフとして採用されました。大卒の私に対して、「この業界は専門学校や高卒が来る世界だ」と、私の心配をしてくれましたが、不整脈で体調を崩してしまい、たった6か月で辞めました。20年以上が過ぎて、当時を振り返ると、一店舗の料理店経営者に留まらず、テレビに出るなど多彩なチャレンジをする鉄人に惹かれていたのだと思います。

それから現在の製麺業で起業するまでに、レストランやホテルのサービス業、漬物流通業やケーブルテレビの営業職、半導体工場のメンテナンス業務など、正社員から派遣社員まで多くの職場を経験しました。「いい商品だから売れる」「時代のトレンドだから売れる」という理由だけでスマホアプリの販売代理店で起業をした結果、売れないのに加盟金を払い続けたり、見込み客にまったく理解されなかったりした痛い体験もしました。実は弟の拉麺店を手伝っているときも、不動産や建築関係の仕事に需要があると思い、CAD で建築図面が書けるようにハローワークの職業訓練を受けました。職歴は交通量調査や夜間ハンバーガー工場など1日だけのアルバイトを入れれば、40を超えています。私は自分でやってみないと納得できないタイプなので、時間とお金をかなり費やしました。

このように、大学を出てから、製麺業で働く選択肢は微塵もかけらもありません。起業までの道のりは直線ではなく紆余曲折、大分遠回りをしています。いろんな可能性に目移りし、多くの企業で働いた私は、庭いっぱいに咲く朝顔のようにどの仕事も楽しそうに見えました。継続しなかった点ではどの仕事も失敗と言われるかもしれませんし、働いた職場には迷惑と負担をかけましたが、辞めることで、朝顔を一輪、今日も一輪と切ってきたのかもしれません。残り少なくなって、最後の一輪かまだわかりませんが、今は製麺業に取り組んでいます。その時その時でやりたいことをやり尽くしていたから、成功だけでなく失敗も含めた経験が役に立っていると思います。これは私が製麺業へチャレンジする以前のストーリーです。

○ 何をやったらいいのかわからない

起業テクニックを学ぶなら、インターネットや本でたくさん紹介されていますし、スマホ1つで欲しい情報が簡単に手に入ります。以前と比べて働きやすい会社が増えているので、社会人としての経験を積むことは、けっして悪くありません。もしも、一緒に働いてくれる人やお客様がいて、資金調達や法人化ができるならば、起業するときの悩みはほぼ解決できていると思います。

逆に、起業したいけれど、いったい何をしたらいいのだろうか、起業って何だろうという方も多いと思います。すでに知名度のある大企業の経営者が書いた起業本を読むと、歴史と実績のあるカリスマ経営者の熱い思いが書かれていて、起業したばかりの私にとっては距離がありすぎる、立派すぎて真似できない、これが正直に感じるところです。起業家にもいろんなタイプがあると思います。私の起業スタイルは違うと感じる人もいると思いますが、もしあなたが私の本に興味を持ってくれたとしたら、今までの起業イメージと少しでも違う視点が見つかるとうれしいです。

私の場合、いろんな仕事を体験したおかげで、夜分に宅配で働く人の気持ちなど、わからなかったことが身に染みるほどわかるようになりました。人に雇われて、経験と実績を積めば、それだけ起業で起こりうるリスクを減らせるので有益です。雇われた経験のない人が、人を雇ったときに雇用者を理解するのはとても大変なことと思います。どんな経験が役に立つかなんて、誰にもわかりません。できるだけ早い時期に、できないこと、時間がかかってしまうこと、他人に任せた方がいいことを体験しておけば、残された時間をどのように使うか配分しやすくなります。わからなかったことがわかるようになると、新しいことや未体験の分野にもチャレンジしてみたくなる習慣ができてきます。わからないからやらないではなく、わからないからやってみようという前向きな日常に変わります。

起業はゴールではなく、目的を達成する手段の1つにすぎません。稼ぐほどに税金は高くなるし、有名になればプライベートな時間がなくなります。数億円稼いだり、注目されたりするためなら、起業以外の他の方法でも達成できます。私が起業を選んだのは、会社勤めが苦手、普通に収入があって、普通に生活して、自分らしい生活のために仕事の時間を減らしていきたい、時間の自由を手に入れたいからです。起業すれば必ず手に入るとは限りませんが、起業しなければ手に入らないし、もっと自由な方がいいと思うから、私は起業を選択しました。

人生はやり直しができると言うけれど、時間は前に向かって1秒ずつ過ぎていき、戻ってくることはありません。たとえタイムマシーンが開発され、過去の時代に行っても、若返ったとしても、一人一人の時間は常に前に進みます。時間の使い方は各人それぞれで、時間そのものが減ることもなく、奪われることもありません。私だけでなく、誰もが、死ぬまで1秒ずつストーリーを積み上げています。山あり谷ありと起伏の多い私の人生ですが、これから何が起きるかわからない、何事にも替えられない時間を過ごした私が、今取り組んでいるのが起業です。

会社に勤めていると、お客様は会社と契約しているのであって、あなた個人と契約しているのではありません。勤めているときは、私だけのお客様が欲しいと感じるときがありました。お客様に選ばれるというのは、ものすごくやりがいを感じます。私の悩みを解決し、やりがいをくれるのが起業です。

起業に憧れていても起業できない、その理由は、失敗を恐れて、何もしない、知らない方が得だと思考が停止していることではないかと推測します。ただ言われるままに仕事をしているだけでは、いつまで経っても日々同じことを繰り返し、自分のために働くなんてできません。もしあなたが他人のためにに働いている、時間を使っているのであれば、それは相手からすれば助かることです。ですから、誰も今の仕事を辞めて起業しろとも、他人のために働くなとも言いません。起業は自分で決めるのです。

○ 孤独のトンネル越えれば、そこは

起業すると孤独になる恐さがあるかもしれません。孤独が好き、一人が好きな人は別として、大抵の人は、みんなでワイワイ楽しくしたいですよね。私も何度か起業して、孤独を体験しましたが、うまくいかないときの孤独は、文字通り孤立無援です。ずっとこの孤独が続いていくのだろうか、そんな不安を感じる毎日でした。孤独がつらいとか、なんか寂しいなと感じるようであれば、何かやり方や考え方が間違っているかもしれません。逆に**うまくいっているときの孤独は、疎外感がなく充実している**感じです。

最初は生パスタの自動販売機なんて知られていません。製麺しているときも、自動販売機に補充しているときも、作業そのものは一人、孤独といえば孤独な作業なのですが、少しずつ生パスタを知ってくれる人が増えていくと、寂しさや不安が薄れていきました。人が眠っている夜中、土日や休日で、誰も働いていないときに働いて、何か楽しい気分です。

困ったときに経営を相談できる相手がいると、起業しても孤独に陥ることはありません。市や商工会議所では、起業家を創出したいので、無料の起業セミナーを積極的に案内しています。何かしら課題を感じていて、解決したいと思ったら、検索して参加してみるのも1つの方法です。3年経った今でも、私は新しいアイデアを確認し、そして初心に戻るために利用しています。

よろず支援拠点や商工会のエキスパート派遣といった制度も利用できるのでお勧めです。わかりやすく説明をしてくれたり、私の苦手な分野を詳しく話してくれる専門家もいます。しかし勘違いしてはいけないのは、起業アイデアをくれるところではない点です。なんとなく起業したいではなく、世の中のビジネスになりそうな課題やテーマを自分で見つけ、実現可能性に向けて何が必要か相談するといいと思います。

○ あなたのお客様を見つけるのはあなた自身

起業を推奨する本には、好きなことで起業を薦めたり、能力や資格などを元に起業を薦めたりするものがあります。好きなことやできることで起業できる方は、まずやってみたらいいと思います。うまくいくに越したことはありませんが、やってみて駄目だったとしても肌で感じることです。最初にお客様の課題やニーズをつかんでいないと、好きなことやできることでうまくいくまでには多大な時間を要するかもしれません。もしチャレンジしないままだと、好きなことやできることで起業すれば良かったといつまでも後悔することになります。

漫画家を目指す漫画『バクマン。』でも、主人公は漫画を描く情熱と能力がありました。作中で自分の書きたい漫画を作るのか、読者が読みたい漫画を作るのか、といった議論があり、起業するときも同じような悩みがあるなあと思いました。漫画家が描きたい漫画を描くためには、読者が読みたい漫画を描くこととのバランスが取れるかどうかだと思います。私は生パスタが好きだから作り始めたのか、といえば、そうではありません。私の作った生パスタを調理したり、買ってくれたりする人がいるから作っているのです。

事業は、お客様に商品やサービスを提供し、対価をいただく行為です。お客様を無視するようなサービスや商品は売れません。ですが、お客様に気に入られたいからといって、すべてを満たすサービスや商品を提供することもできません。好きなことやりたいことは事業が拡大していくと実現しやすくなりますが、起業当初からできるかというと難しいと思います。まずはお客様の声を聴き、対価をもらうことから始めるのが正しい手順だと思います。

セミナー講師の話を聞くと、世界情勢や社会問題など大きなテーマから起業の課題を見つけようとうながすような傾向がありました。セミナーに参加して講師の話を聞いても、ちっとも自分事のように感じないときがありました。それもそのはず、大勢の参加者に対して、誰にでも共通する話をしようとしているからです。セミナー講師は、私が日々どのような生活をして、どのように感じているかを知らないので、私個人が抱えている課題に気づきようがありません。

人間の悩みは、お金、仕事、健康、人間関係、夢や将来に集約されるそうですが、誰にでも当てはまることは、かえって人の心にメッセージが刺さりません。セミナー講師と私の置かれている立場には、壁があるように感じていました。簡単にお客様が見つかって、成功して儲かるならば、誰かが先に起業し成功しているはずです。ここを掘れば金が見つかると知っていて、教えてくれる人なんていません。親切に教えてくれるとしたら何かしらリスクがあるはずです。**自分だけのお客様を見つける**には、自分の目で見て、考えることです。

最初にお客様の課題やニーズがあり、次にあなたのスキルを使って解決できることで、最後には、あなたがやってもいいのかと思えるかどうか、この順番は大切です。やってもいいというのは、好き嫌いと白黒をつけるのではなく、嫌いではないというグレーゾーンを含めると、起業の幅が広がります。

パスタを例に言えば、パスタとはこういうものだという先入観があるので、大半の人はパスタに課題があるなんて思いもしません。一度パスタに課題があると仮定してイメージを膨らませるのです。乾燥パスタを茹でたことがある人なら、茹で伸びして失敗した体験や、茹で時間が待ちきれず芯が残った体験をしたことがあると思います。私も乾燥麺やインスタント麺をずっと食べていましたが、潜在的に「麺はこんなもんだろう」とどこかあきらめているような感じでした。でもいろんな体験をして、いつのまにか課題を解決するスキルが身についていて、スイッチが入ったのです。塩茹でが必要なく簡単に茹でられる、誰もが同じ茹で方で失敗しない方法を見つけました。潜在的な課題を解決した生パスタを、誰もが美味しく茹でられるなら、ニーズはきっとあり、やってもいいと思いました。

1つの課題を解決したら、次の課題がやってきます。パスタの課題は茹でるだけではありません。私の住む町に生パスタがないため、車を30分運転しなければいけないとか、いろんな課題が見つかります。もっと手軽に食べてもらえる方法はないか、自分のようなお客様が他にもいるだろうというのも、パスタを選択した理由です。私なら茹でるときに失敗しないパスタを作るための製麺機と技術を持っています。解決にあたって、自分ならできるし、私も同じような課題を感じていたので、お客様の気持ちがわかるし、嫌いでもないからやってみよう、という感じです。

よくある間違いとして、「誰がお客様か？」という問いに、世の中すべての人とか、パスタが好きな人がお客様だと、考えることがありました。パスタを食べる人が20代の人と限定して50代の人は食べないなんて言えませんし、20代と限定してもパスタ好きかどうかなんてわかりません。パスタ好きなら誰でも食べるだろうという発想です。起業する前は、お客様の課題やニーズなんて、どうやって見つけたらいいのかわかっていませんでした。「誰がお客様か？」と聞かれると、毎回混乱していました。私の例で言えば、万人受けするような麺作りではなく、弟の求めている麺をまず作ることが、何よりも大事だったのです。

○最初のお客様を見つけた

弟を助けたいと思わない兄はいないと思います。先に書いたように足の怪我をして鹿児島に戻ったときは、私はホールの接客を担当し、弟の仕事を手伝いました。ホールの接客だけでなく、メール会員に配信するコンテンツを添削したり、ホームページを作ったりしました。弟の拉麺店は、弟が料理人で代用がきかないため、本人が休むと店舗が開けられず、休んだ分だけ販売チャンスを失うビジネスモデルでした。それから、チャーシューやスープの仕込みで手一杯、麺づくりまで確保する時間がない、そんな感じでした。弟の仕事を直接手伝えば、弟の仕事を奪うだけです。私が起業したときには、弟の課題を深掘りし、弟が手を出さない仕事を探しました。私の見つけた解決方法は製麺でした。

自動販売機を設置したあとは、弟は休むという選択肢を選びやすくなりました。24時間販売できるので便利ですし、しかも非対面型で安全なだけではありません。店舗が休みでも、自動販売機で拉麺を買ってもらい、自宅で食べてもらえます。それから、拉麺店を利用したあとで、お土産として利用する方もいれば、店で食べる前に試食感覚で自動販売機を利用する方もいました。今では女性一人でも店に入るのが抵抗なくなったとはいえ、店舗に入らなくても、店舗の味を確認できるのは、他店と比べてアドバンテージがあるように感じます。

私が弟の麺を作ることで、麺の在庫管理が楽になりました。使用する量に合わせて、製麺するので、いつも麺が用意されており、麺の発注の業務がなくなりました。保存料が入っていないだけで、麺のおいしさは格段に違います。今まで改善できていなかった麺に対し、弟はより細かい要望ができるようになりました。美味しさを提供するだけでなく、ごくあたりまえの製法で茹で伸びしにくいことから、調理中の弟は余裕をもって仕事に取り組んでいるように感じます。私が起業するために必要な最初のお客様、それは弟でした。

○ 起業するとお客様が集まってくる

弟という一人の具体的なお客様の課題解決から起業し、自動販売機を設置して、誰でも自由におうちで生パスタが食べられる業態にたどり着きました。生パスタの自動販売機を中心に半径5キロメートル圏内を車で移動できる方の課題解決に広がったのです。先述したように、すでに生パスタの飲食店があれば、お客様の取り合いになっていたかもしれませんが、私の住む町には、生パスタを取り扱う飲食店がありません。もし遠出しても外食だと軽く1000円を超えます。外食よりもおうちで料理するのが好きな人なら、生パスタをおうちで食べたい欲求を持っているに違いないと思いました。インスタグラムで「#おうちでパスタ」を検索すると、11万件の投稿が見つかります。

自動販売機を利用するのは、主婦だけではありません。ホームページ、インスタグラム、グーグルマップに掲載していると、飲食店のオーナーやシェフも、いずれかの掲載媒体から、自動販売機にたどり着いてくださいました。突然の電話で話を聞くと、「先日、自動販売機で買って食べたら、美味しかったので卸販売してほしい」という問い合わせでした。

サンプルを取り寄せるとか、電話で問い合わせると、麺の利用を検討していることがメーカーに伝わり、営業をかけられるのが面倒と聞きました。自動販売機があると、好きなときに購入ができ、すぐに試食ができます。オーナーやシェフの方で気兼ねなく試食できるので、自動販売機はすばらしい営業をしているなと感心しました。

今卸販売している御得意先はすべて、飲食店経営者様からのお問い合わせから取引が始まっています。すでに長く経営されている飲食店と新規オープンの飲食店と半々ですが、取り扱っている麺に課題を感じたり、「生パスタ」の魅力で他の飲食店と差別化したかったりと、店舗によってそれぞれの理由があるようです。

3年が経って、私の麺をアマゾン、メルカリ、楽天市場で販売したいという事業者から問い合わせが来ました。注文が入った分だけ生産し発送する業務は私が行います。販売事業者は在庫を抱える必要がなく、発注と集金をしてもらうことで、私の業務は軽減されます。売れた分だけ既定の卸販売価格を1か月単位で振り込みしてもらいます。私が麺づくりを始めて、少しずつ取引が広がっていきました。いきなりすべてのお客様というのではなく、目の前にいて困っている人の課題解決を、**できるところから少しずつ広げていくと、いつのまにか大きくなっている**、そんな感じです。

○私の事業の弱点は

製麺業って儲かるんだと思ったら、すでに多くの人が製麺業に参入しているはずですが、そうでもありません。私と同じ製麺機を導入している拉麺店やうどん店が製麺事業で儲かっているかというと、店舗の製麺内製化に留まっているばかりです。既製品を仕入れるより原材料費の仕入れ費が安くても、製造人件費がかかるので、コスト的なメリットはないのではないでしょうか。

製麺業で独立するには、より多くの販売先が必要です。取引先の店舗が最初から複数あれば、起業当初から楽にスタートできるでしょう。現在使っている小型製麺機もグレードを上げれば、1時間の生産量は2倍になりますし、製麺作業と袋詰め作業を分ければ、さらに生産数を伸ばせます。私が起業できたのは、取引先が弟の店だけだったとはいえ、銀行に返済できる売上が最低でも想定できていたからです。

製麺業で今でも悩むのが価格です。まさかの小麦粉が高騰しています。4年前と比べて、小麦粉は1・6倍の仕入れ価格になっています。これは私がコントロールできない部分で、天候変動や社会情勢によって左右されます。幸い私の生パスタは添加物がなく、原材料が小麦粉の他、乾燥卵と塩だけを使用しています。オリーブオイルも入っていないし、こだわりの塩でもありません。普通の家庭用食塩を使用しています。それは価格だけが理由ではなく、独特の塩を使うことで出てしまうにがりなどの個性を避けたかったのと、パスタソースの味付けに広く相性がいいのは普通の家庭用食塩だと思ったからです。

1個100万円なら、1個売れれば、100万円の売上になります。1袋100円の麺は、1万個売らないと、100万円の売上になりません。単価が安い分、お客様を多く集め、多売しないとやっていけません。1000円の拉麺なら1000人お客様がいれば100万円の売上になります。拉麺店の集客数は製麺の10分の1です。**私の事業の弱点は、麺1つの単価が安いこと**、単価を上げるための飲食店を持っていないことです。ではパスタの飲食店を作ったら、お客様が来るだろうというのは期待であって、実際に来るかどうか保証なんてありません。それでもなぜ製麺機を導入したかというと、美味しい麺を提供したいからだと思います。

○ビジネスプランコンテストでアイデアを試す

鹿児島県主催のビジネスプランコンテストには2回チャレンジしました。1度目は、「生麺生パスタの自動販売機で非対面型労働改革、生パスタをより日常に」というタイトルで応募しました。どのようなビジネスプランかというと、様々な食品を販売する自動販売機を設置し、地産地消の24時間無人販売を展開していくことで、消費者の利便性、サービス提供者の効率性の向上を図る、イタリアのナポリに似ていると言われる鹿児島から新しいパスタ文化を創る、と書きました。しかし残念ながら地域性の点数が伸びず、1次審査で落ちました。採点評価が低かった項目は実現性と地域独創性です。自動販売機を設置して10か月が経ち、メディアで4回紹介されていましたが、まだまだ知られていないとわかりました。

県主催のコンテストは、他の項目の点数が良くても、地域性を出さないと大きく減点されます。予想はしていましたが、鹿児島県産の小麦粉を使った生パスタではないため、鹿児島の特産品ではないと採点されたようです。続けて鹿児島市のふるさと納税の返礼品として、生パスタを登録しようとして市役所を訪ねたときも、生パスタは鹿児島の特産品でしょうかという目で見られている気がして登録をやめました。生パスタを作り始めての1年間は、メディアで毎月のように紹介されても、まだまだ受け入れられていないと感じていました。

1年が過ぎて、ビジネスプランコンテストに再度チャレンジしました。コロナ禍になって、椅子一つ分を空けて利用するなど飲食店の店内席数は減り、緊急事態宣言に、営業時間の短縮と、自分ではどうにもできない日々を過ごしていました。なぜチャレンジしたかというと、生パスタを販売している自動販売機の前で、「なんだ調理されていないのか」と見向きもしないお客様や、車から降りて店内にテイクアウト商品を受け取りに行くお客様を目の当たりにして、新たなアイデアを考えたからです。

鹿児島県の民放テレビ局と、全国放送の「所さんの学校では教えてくれないそこんトコロ！」や「ナニコレ珍百景」とで、自動販売機の事業がこれだけメディアで紹介されたのだから、認知度も以前と変わっているだろうと、私自身も自信のようなものがありました。80名以上の応募から1次審査は通過し、16名のファイナリストとして2022年1月、県知事も参加していた聴衆の前で発表しました。

自動販売機では、調理済みの商品を手渡すこともできないので、コロナ禍を見据えた、より安全な商品の提供ができるビジネスアイデアを発表してはどうだろうかと、鹿児島の特産品をパスタソースにしたご当地パスタのドライブスルービジネスを思いついたのです。自動販売機の次はドライブスルーという、さらなる安全性と利便性という新しい価値を付加した生パスタの提供を考えました。茹で伸びしにくい生パスタなら、少し時間が経っても美味しく食べられる、そんなサービスを思い描いていました。人気ファーストフードのドライブスルーのパスタ版、丼ものやハンバーガーのファーストフードに負けない麺のファーストフードを発表しました。

緊張してマイクの音量がオフのまま、プレゼンしてしまい、結果は惨敗。表彰もされませんでしたが、補助金やサポート対象となったのが収穫です。ドライブスルーに限定したことが、少し視野が狭かったなと反省もしました。

○ 自分だけのアイデアを見つけるのは難しい

私がハンバーガーのファーストフード店を利用するときは、カウンターに並ばず、店内席でモバイルオーダーするようになりました。ドライブスルーに長蛇の列を作る車を横目に、店内席で商品が届くのを待っています。コロナ禍にもかかわらず、国道に車があふれるほど行列ができていて、大変強力なビジネスモデルになると感じました。なぜなら、ドライブスルーがあれば、車から降りることなく商品を受け取れるだけでなく、働いている人も、対面機会を最小限にして、安心して働くことができるからです。

コロナ禍の飲食店にとって、店内席が一番のリスクと感じていたので、店内に入らず用件が完了するドライブスルーの仕組みはとても魅力的です。ドライブスルーであれば、車から降りることもなく、今すぐ食べられる、そんなビジネスの可能性に対して、どのような反応があるか深掘りをしました。

当時はモバイルオーダーをすると、ドライブスルーに並べないルールでした。モバイルオーダーしたお客様の気持ちになると、注文したのだから取りに行くだけかもしれませんが、店舗側としては作り置きができるわけでもなく、何時に来店するのかもわかりません。そんな状態でドライブスルーに並ばれてしまうと、他に並んでいるお客様を待たせてしまいます。空いている時間ならまだしも、ランチタイムの忙しい時間帯に並ばれると、すべてが滞ってしまいます。

ビジネスプランコンテスト発表当時にはまだ課題の解決がされていなかったのですが、ドライブスルーもモバイルオーダーもどんどん改善されていきました。モバイルオーダーをすると、ドライブスルーに並べない課題は、２０２２年9月27日にファーストフード店のシステムで、マイク越しにモバイルオーダーの注文番号を伝える、たったそれだけのことですが、解決されました。またモバイルオーダー専用の駐車場ができて、ドライブスルーに並ぶ必要もなくなりました。カウンターでもスマホでもなく、タッチパネルで注文決済ができる店舗も増えていきました。結果としてコロナ禍という制約を逆手にとって、注文と受け取りのバリエーションが広がりました。

モバイルオーダーとドライブスルーの連携に関するニュースを調べると、日本ではありませんが、海外のニュースを見つけました。**「私だけが気づいている」「私が最初」と思い込むのはとても危険なこと**です。大概のことは誰かがすでに気づいているに違いないと思って、リサーチをします。特許や発明のように同じような考えがすでに発表されていないだろうかと知財などの専用サイトを調べます。

○ 鹿児島の特産品に〝今から〟なる

鹿児島市のふるさと納税も2回目の挑戦で、登録していただきました。私が生パスタで使用する小麦粉は、メーカーから取り寄せれば、日本全国のどこでも手に入ります。原料は鹿児島産ではありませんが、私が鹿児島市で加工することで、返礼品としていただきました。ふるさと納税の利用が最も増えるシーズン前から、鹿児島市の返礼品でトップ10に入る発送数と聞きました。まだ始まったばかりですが、好調なスタートを切りました。

麺のみの販売が人気ですが、パスタソースをセットにしないと売れないよ、という意見を登録当初からいただいていました。お客様は赤ちゃんだから丁寧にすべて説明しないと買ってくれないよと経営アドバイスされたとき、私は今、お客様をどのように捉えたらいいのだろうかと改めて考えたのです。私はお客様を赤ちゃんだと思っていません。今は生パスタをうまく調理してくれるお客様に届けられればいいと考えました。飲食店のシェフだけでなく、各家庭には調理のプロがいると信じ、そんなお客様に助けられて、麺単体で販売できています。

とはいえパスタソースの加工所を作って、ご当地パスタの「聖地」を各地に作ろうというアイデアもあります。ちなみにナポリタンは日本発とされているようですが、パスタのメニュー名で、ナポレターナ、ジェノベーゼ、ボロネーゼ、アマトリチャーナはイタリアの地名に由来しています。これから日本も、ご当地パスタの地図ができたら面白いだろうなと思います。産地を出すのも1つのＰＲです。産地を聞くと、なんか美味しそうですもんね。

鹿児島には、歴史ある特産品がたくさんありますが、鹿児島と言えば生パスタと言われるようになるまで頑張るのも目標の1つです。まだまだ認知度が足りていませんが、鹿児島の特産品にじわりじわりと変化していく兆しが見えてくるのも、未完成な事業、起業の醍醐味です。

○生パスタで地域活性化

製麺機を使って生パスタを作っている自分にとって、麺づくりは日常です。でも、多くの人は、小麦粉から麺を作ったことがない人ばかりです。そこで麺が出来上がるまでの工程が見られて、楽しめるようなテーマパークレストランを考えました。今は、ユーチューブやインスタグラムでライブ配信できるので、全国どこにでも、作業風景を届けることができます。この発想は、ディズニーランドで働いた経験から来ています。ディズニーランドでは、掃除する行為でさえ、パフォーマンスにしているからです。

現代の生活はすでに出来上がっているものを与えられすぎていて、出来上がるまでの工程が楽しめなくなっていると感じます。ですから、これからの飲食店は、製造過程から見られる、テーマパーク型の飲食店が注目されると思っています。インスタ映えするような出来上がった料理だけでなく、オープンキッチンの、さらに見える化した飲食店ですね。すでに成功しているテーマパークやファーストフードを参考に、もっとここをこうしたらよくなるだろうなという部分を新しいビジネスに取り入れたらどうなるか。そんな視点に立つと、以下のようにアイデアが広がっていきます。

・マンションや住宅地にある普通の自宅を1日レストランにする
・ガラス張りのコンテナハウスで飲食店を作る
・各製麺工程を電車の車両に見立てて、プレハブを連結させる
・駅のプラットホームのようなレストランを作る
・製麺見学から食事まで楽しめる生パスタのテーマパークを作る
・生パスタのファーストフードをドライブスルーで提供する
・各県の特産品を生かしてパスタのご当地マップを作る
・全国に生パスタテーマパークをフランチャイズ化する
・世界各地で製麺する生パスタのテーマパークができる

こうして、弟一人のための生中華麺作りから、地域活性化まで道がつながり始めました。どうすれば、生パスタのフランチャイズに到達できるのかは、まだわかりません。今は、目の前にある課題に1つ1つ取り組んでいるところです。

○彼を知り己を知れば百戦あやうからず

中国の兵法書、『孫子』はビジネスマンなら知らない人がいない必読の書です。三国志時代に曹操が注釈し、日本の戦国時代には強力な騎馬軍団を編成した武田信玄や、江戸時代260年の礎を築いた徳川家康に愛読された書物です。「負けないための兵法」と称される『孫子』は、以下の4点に集約されると言われています。

1 戦争はしない。
2 強き者とは戦わず、弱き者と戦う。
3 強き者の弱点が見つかるまで、戦わない。
4 強き者の弱点がわかれば、これを集中して攻める。

私なりに、この4つを起業にあてはめて解釈すると、

1 いきなり起業しない。まずは現状を把握するための情報収集をする。
2 課題の見あたらない事業には参入しない。改善の余地のある事業を見つける。

3　課題の解決策が見つかるまで起業しない。
4　課題の解決策が見つかったら、徹底してやってみる。起業のタイミングはココです。

『孫子』謀攻篇にある、「彼を知り己を知れば百戦あやうからず」、この有名な格言は、敵の様子を知り、自国の実情を知れば、何度戦っても負けることがない、と解釈されています。

ビジネスにおける「彼」とは2つあると思います。1つは、市場や競合他社のことです。競合他社の競合とは、ライバル、敵、倒す対象のようなものではありません。私の考える競合とは、商品やサービスを提供する前に、業界を引っ張ってきた先駆者的存在であり、敬意の対象です。

たとえば、生パスタの先駆者が乾燥パスタだとしましょう。イタリアから輸入された乾燥パスタのおかげでパスタの知名度が上がり、普及が進みました。乾燥パスタがなかったら、生パスタどころではなく、パスタそのものの認知度を上げていくところから始めていたと思います。新商品は売れると思いがちですが、市場や競合他社に類似品が存在していないときに、斬新すぎる商品は市場に浸透するまで時間がかかります。もとからなかったものの魅力を伝えるのはとても難しいです。既存商品が持つ良い部分を素直に取り入れて、さらに改善点を付け加えれば、模倣ではなくなります。今あるサービスの不満や、こうしたらもっといいのにという要素を新しい事業に入れ込む方がとても楽です。

市場や競合他社は商品の比較だけとは限りません。生パスタを販売している人がどのように販売ＰＲしているかを調べて、商品の品質、新商品ばかりを説明する傾向が強いとわかれば、生パスタの品質以外の情報を優先させてＰＲした方がいいのではないかという推論が立ちます。「生パスタ美味しいですよ」という品質のＰＲよりも、「生パスタが美味しいというお声をいただきました」とお客様の声をＰＲするといった具合です。他にも以下のようなＰＲポイントがあります。

・取引先の飲食店を紹介する
・購入できる通販サイトを紹介する
・テレビや新聞などメディアで紹介されたことを紹介する
・ふるさと納税返礼品に登録されているなど行政と絡めて紹介する
・商品の品質検査結果など安心感をもたらすエビデンスを発信する
・事業者、事業、商品開発のストーリーや日々の活動を紹介する

業界をリードしている商品を知り、より良いものを作れば、勝てる条件が整うわけです。誰もがベストな選択をしたいとき、比較してより良い商品を選んでいます。相手の優れているところを認めれば、次の一手をどのように打てばいいのか、きっと見つかります。

もう1つの「彼」とはお客様のことです。お客様を知ることによって、どのようなサービスや商品を開発したらいいのかと目指す方向性が定まります。どんなお客様とお付き合いしていきたいか、どのようなお客様に喜ばれたいか、自己の人間観を豊かに育てると、お客様の幅は広がります。

本章の最初に少し自己紹介したように、私は法学部を卒業しましたが、法律を生かした職には就きませんでした。大学に通っている当時は、家族法のゼミを専攻し、「子どもの権利条約」や親権を学びましたが、どんなことに役立つのかわからないまま勉強していました。大学時代に勉学以外の活動をすることには賛否両論ありますが、私自身はサークル、アルバイト、ボランティアに勤しむのも「人間を知る」目的に対しては、首尾一貫していたと思います。「人間を知る」、「人間とは何か」、これは文学部哲学科だけの専売特許とするテーマではありません。法学部も、経営学部も、どんな学部でも知りたいという心さえあれば学ぶことができます。転校と転職を繰り返し、自分と異なるタイプの人と出会ったおかげで、私は比較的楽しく仕事ができたように思います。

それと「己」を知るとは、自分のできることとできないことを知ることだと思います。できないことを、どんなに頑張っても成果を出すことはできません。できることであれば、容易に成果を出せるはずです。私にとって起業のタイミングである『孫子』の4番は、2019年6月でした。あなたは今すぐに起業できるタイミングに来ているのかもしれませんし、数年後に起業するのかもしれません。起業という言葉1つにも、いろんなスタイルがあり、方法も様々です。正解するまで続ければいいのです。あなたは今、起業に一歩踏み出しています。

5章

思い通りにならないときには
メッセージがある

50歳になった今でも、小学校父兄参観での竹馬大会をふと思い出します。親子で竹馬を作り、レースをする企画でしたが、竹馬にうまく乗れなかったのに、レースの結果は3位。レースがスタートすると竹馬から乗っては落ちての繰り返し、ちゃんと竹馬に乗れず実力のない自分が表彰された恥ずかしさが、何年経っても忘れられません。竹馬に乗れなかった自分が表彰されることを許せなくて、そんな偽りの表彰を本物にするくらいの実力を身につけたいと切に思いました。大会が終わってから練習に打ち込んで、1メートルほど足の長い竹馬を楽しく乗りこなせるほど、上達することができました。

○銀行融資の相談でお金以外に手に入るもの

融資を受けてから3年が経った2022年は、確定申告の報告をして、融資の借り換えができました。3年間滞りなく返済した実績もあり、借り換え返済は1年据え置きで利率の条件も良くなりました。

さて銀行を訪問する目的は融資を相談するだけではありません。「取材を受けました」

とか、「昨年はこうだった」、「今年はこんなことをやりたい」と報告しています。私の都合で銀行員の時間をもらっても申し訳ないので、忙しい月初めや月末をさけて面談をお願いするようにしています。口頭で伝えるだけだと対面した担当者がわかっていても、上長に伝わる際に抜け落ちてしまう心配があるので紙媒体で報告用資料を作ります。メディアに取材されたことや本書の出版の件の他に補助金申請が通ったことなど、数字に表れない報告もパワーポイントで作成し、私の事業が紹介された商工会の冊子やリーフレットを添えて提出しました。資料の作成は自分自身の見直しにもなるので、おすすめです。

融資担当者と話をしていると、私の構想はどのように映っているかなど情報収集ができます。客観的に現状を把握するためには、直接的で一番効率がいいと考えました。もし銀行が首を縦に振るとしたら、自分の取り組みが社会的に受け入れられていて、銀行員もお金を出していい、すでに成功事例があるから、返済が見込めるということです。半面、銀行員が納得するということは、その事業プランがありきたりだということでもあります。銀行は危ないギャンブルをしませんし、確実な投資が好きです。前例がないことは判断を保留するという銀行の物差し、社会的常識を信用しています。銀行が断る、その判断は正しいのです。

確かにすべての銀行員が事業を経験しているわけではありませんし、深く理解してくれ

ると は限りません。だからこそ、銀行員が理解できるような事業になっているか、事業が独りよがりにならず説明できているか、**外部の意見を聞く判断材料として銀行は大切な存在**です。銀行員が理解できないことは銀行員の力不足ではありませんし、むしろ前例がない絶好のビジネスチャンスかもしれません。

自分と違う立場にいる人は当然それぞれ違う考えを持っていたりするものです。10人中6人以上の考えを選ぶのが判断力とするなら、6人以上の多数意見を踏まえて4人以下の少数意見を選択するのが決断力です。決断は早い段階で決めなくてはいけないので、間違いがつきものです。いつも正しい決断ができるとは限りません。周りの人と同じ判断で同じ行動を続けても、何も変わらない、このままではいけないという状況にあるのなら、人と違う道を選ばなければいけません。10人中6人もしくは9人と異なっていても、大多数の意に反しても、決断をするのです。決断するためには、判断力のある人の異なる意見を聞くことが有益です。

○ 補助金申請は社会とつながる窓

助成金や補助金といった言葉を聞いたことがあるのではないでしょうか。資金を調達する手段は銀行融資だけではありません。

助成金は主に厚生労働省の管轄で、雇用や労働環境を整える目的に使用されます。今のところ私は助成金を利用しておりませんが、雇用に備えて労働局に相談したことはあります。

補助金は主に経済産業省や地方自治体の管轄で案内しています。設備を整えたい、販促活動費が欲しい場合には、チャレンジしてみてはいかがでしょう。申請が採択されれば、自己資金の負担が軽くなります。商工会、金融機関、経営相談窓口に助成金や補助金の案内が置いてあるので、足を運んだついでに、新しい案内を探してみるのもおすすめです。あるいは、経済産業省、厚生労働省、市や県のホームページでも情報収集できます。書き方などわからないときには、問い合わせ先に電話すると丁寧に申請書類の書き方を教えてくれます。

喫茶店、飲食店、美容室、その他の個人事業は、社会性のある事業について取り組みづらいと思います。しかしだからこそ、**社会性のある取り組みを意識する**と、同業者の中で差別化しやすくなると感じています。差別化ができれば、メディアと補助金対象に選ばれ、さらに、お客様にも選ばれやすくなるのです。補助金を採択する側も、単なる1つの事業よりは、地域貢献していて波及効果の高い事業を補助したいと思うのではないでしょうか。

補助金申請の加点項目に「社会性」があれば、なおさらです。補助金採択のメリットは、お金がもらえて、少ない出費で設備投資や販促活動ができるだけではありません。採択されるということは補助対象事業として社会性があると認められていることになります。これはメディアの取材獲得と同じように実績になるのです。

そんなことを言うと、私の事業は社会性との関係なんて考えられないという声が聞こえてきそうです。社会性は、社会問題を解決し、新たな社会的価値を生み出すソーシャルビジネスや様々な社会貢献活動を行い、団体の構成員に対し、収益を分配することを目的としないＮＰＯの独壇場であって、一般企業や個人事業が考える余地も必要もないという声です。

社会性は建前であり、大義名分ですが、壮大である必要はないと思います。等身大で、本音で無理のない社会性を仕事に付加してみると、仕事に対する考え方や取り組み方は自然と変わります。事業を始めた当初は、社会性を考えることなく「商品やサービス」を真っ先にＰＲしていました。「社会性」なんて頭の片隅にもありませんでしたが、補助金を申請したり、ビジネスプランコンテストに参加したりして、じわじわと社会性は必要と考えるようになりました。

お金をもらう目的や社会性の意義だけでなく、事業の信頼性を得るためにも、補助金はチャレンジして損はありません。採択実績は、金融機関への事業報告でも信頼性を高める材料になります。また一人で起業してしまうと普段の事業活動に追われ、当初の計画書を見直す機会がなくなりがちです。そんなとき、補助金申請を利用して計画書を見直すと、強制的に達成している実績と達成していない課題を第三者に説明できるまでに落とし込むことができます。頭の中にある状態では、そのアイデアは誰にも伝わりません。アイデアは言語化して初めて、第三者に伝わります。補助金申請はあなたがやりたいと思っていることを言語化する1つの方法です。補助金申請は取り組むだけでも、事業の現状と課題を振り返るのに有効でもあるのです。

○補助事業の資金が間に合わなくてもあきらめるのは早い

新しい補助金の案内を見つけても、締め切りが今週の金曜日といった具合で募集期間が短くて、申請が間に合わない場合もあります。活用したい補助金の告知が出てから申請するのではなく、事業計画に沿って設備投資や販促活動費が必要になったときに必要な経費を補助してもらいたい、そんなときに備えて普段から準備をしておくことが大切です。私の場合、商工会に相談し、初めて申請したのは、小規模事業者持続化補助金です。商工会担当者は、起業したばかりでは、実績の書きようがないが、1年が過ぎる頃には、実績と課題がわかってくるから、申請しやすいと教えてくれました。商工会担当者に相談したおかげで、採択はすんなり進みました。申請書の事業の現状を説明する欄には、販売実績だけでなく、メディアの取材実績も記載しました。

補助金申請で気をつけたいのは、事業のタイミングと合っているかどうかです。補助金が振り込まれるのは、補助の対象となる期間中に支払いが終わった分で、事業完了報告書が受理されたあとです。すぐに機器の購入が必要なときは、補助金申請の結果を待つことができません。例外もありますが、補助金申請が採択される前に支払った費用は補助されないパターンが多いのです。申請と採択のタイミングが合わなくて事業が停滞してしまっては本末転倒です。補助金は大体同じ時期に昨年と同じ募集があるので、毎年どのような補助金があるのか、1年前から調べていると、事業計画に合わせて、申請の準備が楽になります。

自由に使える自己資金は、万が一の事態に備えて手許に置いておきたいです。自己資金を手元に置くために、補助事業の融資を銀行に相談します。補助事業の融資を全額受けられないとしても、まだ方法はあります。後日受け取る予定の補助金の額だけを借りる方法です。あとで給付される予定の**補助額分を前もって立て替えてもらえないかと銀行に相談**

し、内諾を取る方法です。補助金なら後日の返済計画を立てやすいので、銀行担当者も補助事業の必要性を踏まえ、検討してくれます。補助金申請が採択されてから相談すると、銀行の承諾を得るまで待たなければいけなくなります。事業の遂行に支障が生じるので、早めに相談をします。

具体的には、100万円の予算を必要とする事業計画を立てたとします。2分の1の補助額、つまり50万円を補助してくれる補助金申請をします。最初に100万円、実際は、消費税10%を入れて110万円の支払いになりますが、補助事業が終わったら報告書を提出します。手続きに不備がなければ、50万円が振り込まれます。この振り込まれる50万円を銀行から事前に借りるという方法です。補助金を申請する前に、消費税分をふくめた自己資金60万円を準備した上で、銀行には支払いの時期と補助金が振り込まれる時期を説明して、内諾をもらっておきます。

補助金の案内を県のホームページで探していたところ、自動販売機を運用してきたノウハウを活かせそうな業務委託の募集を偶然見つけました。市や県で募集しているのは補助金ばかりではありません。無料で活用できるセミナーや交流会の案内や業務委託の募集です。私が見つけたのは、県内の第6次産業化事業者の商品を自動販売機によって販売支援を行う企画コンペの参加者募集というものでした。ちなみに第6次産業とは、農業や水産業などの第1次産業が食品加工・流通販売にも業務展開している経営形態であり、農業経済学者の今村奈良臣さんが提唱した取り組みです。

応募者の中から書類審査で上位4者に選ばれ、リモート形式による内容説明まで残りました。説明後の質疑で、もし私個人に不測の事態が起きたとき、事業はどのようになりますかと聞かれたとき、一瞬言葉に詰まりました。私はどうやって第6次産業化商品を認知してもらうか、どうやって売るかばかりを考えていて、どうやって運用していくか、組織体制についてまったく考えていないことに気づかされました。けっきょく業務委託の事業者には選ばれませんでしたが、県の業務委託を受けるためには、個人事業主のままではなく、法人化や組織化が必要だと実感しました。

○ 世の中いいことばかりではない

自動販売機は人件費がかからないし、お客様にとって便利、とメディアに何度も取り上げていただき、宣伝効果が抜群でした。文句も言わず休憩もしないで働いてくれるので、経営者として優秀なスタッフを雇用した気分です。いいことづくめと思っていたのですが、自動販売機は最初から順調だったわけではありません。思いもよらない費用が発生していました。

2台目の自動販売機は設置場所の土地を借り、1台目の電気使用量を参考に電気代を設定し、土地を提供してくれたオーナー様に支払っていました。ところが数か月目で最初に想定していた金額を大幅に超えているらしいと連絡が来ました。2台目は屋内用に設計された自動販売機だったので、路面のアスファルトから出る放射熱によって、電気代が想定を超えていたのです。明細書を確認すると、どんどん電気代が上がっていました。

言い争いになるのも避けたかったので、自動販売機の電気代を土地オーナー様にまとめて払ってもらうのではなく、自動販売機の電気代だけ分けて支払いできないかと電力会社に相談しました。電気代をアパートの共益箇所と自動販売機で分けて個別に支払いできるなら、土地オーナー様は自動販売機の電気代が上がってもまったく気にならないようにできます。電気屋さんに頼んで、既存の配線を分岐するか、直接電柱から引き込んで新設するか見積もりを作ってもらいました。しかし電気メーターを分岐する方法は電力会社の規定により実行が難しく、新設するとなると新しく電柱を建てる必要がありました。工事をすると工事費がかかりますし、原状復帰を考えると大がかりでした。

そこでふとある案を思いつきました。土地オーナー様が私の自販機を設置する以前まで支払っていた電気代は、アパート共有施設であるロビーの電灯や他事業者のジュースの自動販売機ぐらいでした。その電気代が毎月ほぼ同じだったとわかったので、かつての電気代平均額を算出し、まず土地の賃貸料から差し引いてもらい、現在の電気代全額は私が電気会社に払う、という方法をお願いしました。オーナー様の了解をもらってから、オーナー様名義の電気代を私に変更しました。オーナー様にとっては、ロビーなど共益箇所の電気代の支払いがなくなりました。私が電力会社に全額支払うので、毎月電気代が上がったとしても土地オーナー様は気になりません。私も大がかりな工事をしなくてよくなり、ホッとしました。

電気代一つを例にとっても、いい加減に取り組んでいたら、土地オーナー様と揉めて契約が破棄になっていたかもしれません。些細な問題こそ大切に取り扱ったときに、お客様の信頼が上がることを今までの職場体験から学んでいるので、目をつぶらないようにしています。また解決方法は人それぞれだと思うのですが、お金のかからない解決案を提案して乗り越えたときの達成感と、自分で考えたことを実現させたやりがいを実感することができました。

また1台目と2台目の自動販売機にはこんな違いもありました。最初の自動販売機が拉麺店の駐車場にあり、購入に来た方も車を駐められたため、早い時期に認知され定着したのに対し、2台目の自動販売機はアパートの前にあり、駐車場もありません。通りに面しているものの運転中の車からは見つけにくく、通り過ぎてしまいます。周辺環境について言えば、近隣の世帯数は、2台目の自動販売機の方が1台目の10倍以上なのでもっと売れると思っていましたが、想定する売上にはまったく届いていません。

よろず支援拠点の経営相談を利用して、相談員と現地待ち合わせをしたときも、地図を見てもなかなか見つからなくて、わかりづらいと指摘されました。そんなこともあって、フリーランスの動画クリエイターに依頼して、道案内動画を作ってもらうことにしました。携帯電話をつかって、自動販売機まで道なりに進んだ様子を動画で何通りか撮影し、付近の地図と動画素材をクリエイターに渡して、2つの動画ができました。1つはドラゴンクエスト風に、1つは桃鉄風にゲーム感覚で道案内をする動画で、とても出来のいい作品になりました。この動画はユーチューブで公開したのですが、残念なことに、再生数は200回程度で思うような成果にはつながっていません。ただ、自動販売機内蔵のモニターで動画を閲覧できるようにし、ホームページのコンテンツとして活用しています。

○自動販売機のエラーは正しい反応

自動販売機は、お金を投入してもらって、商品を取り出し口に出す仕組みですが、商品が定型の箱であれば、搬送エラーはほとんど起きません。ところが生パスタや生中華麺は、袋もののため並べ方が悪いと搬送リフトに商品が落ちず引っかかることがありました。それが搬出センサーに反応してしまうと、商品も受け取れないしお金を飲み込んだままになるのです。また、商品を説明するポップを自動販売機の中に取り付けると、センサーが誤作動してしまい、やむなく外しました。1日1回くらいの頻度でお客様から連絡がありました。トラブル対応で出かけると、自動販売機まで30分の移動時間がかかります。商品の受け渡しや返金でご自宅へ伺ったり、お客様と自動販売機の前で待ち合わせしたり、と申し訳ない気持ちで心身ともに疲れていきました。

自動販売機の商品陳列の微調整とデータ更新が落ち着くまでには1年かかりました。たびたびエラーが起きるので、チラシを撒いて大々的に広告宣伝できないまま時が過ぎました。最初の自動販売機と同じことをしていても、2台目ではうまくいかないこともあります。最初の自動販売機でうまくいってしまい、見逃していた問題点が2台目で顕在化してくる感じでした。2台の自動販売機はそれぞれメーカーが違うのですが、2台とも同じメーカーであれば、1台目の成功事例を踏襲するだけでいいので、問題は起きにくく、想定内の稼働でエラーも少なかったと思います。

自動販売機のエラーが起こるのは自動販売機自体の不具合だけではありません。お客様が商品を取り忘れ、取り出し口内に商品が残ったままになるケースもあり、一定の時間が経過して自動的に販売停止になり、次のお客様が利用できなくなったこともありました。自動販売機は無口なので、何も言ってくれません。遠隔カメラでは気づかず、お客様からの連絡で判明することもありました。さらに商品が売り切れていても、自動販売機から報告がこないため、補充のタイミングは遠隔カメラでしかわかりません。エラーが起きたときにすぐに復旧も自動でできるような仕組みができるといいなと思います。

自動販売機からすれば、問題の起きないように仕事をさせてくれと言われそうですが、私はやっぱり**ワクワク感**が欲しくて、山積みして特売しているスーパーの陳列のように自動販売機の陳列棚の横幅を狭めてぎゅうぎゅう詰めにしてみたり、ポップを大きくしたりと、他の自動販売機ではやっていない試行錯誤をしてきました。しかし人間だって期待が多すぎると、ストレスが溜まってしまい、期待通りにはいきません。自動販売機も同じで、無口なのですが、エラーを引き起こし、私の無理強いに対して反抗します。自動販売機のエラーはとても正しい反応なのです。とはいっても、販売が滞ってしまっては、お客様が困ってしまうので、日々エラーを改善していきました。

○自動販売機だって課題がある、だから改善できる

1台目の自動販売機がたまたま問題なく稼働していたので、つい2台目は不具合が多いように感じてしまっていました。これって子育てでもやってしまうのではないでしょうか。初めての子育ては大変だったはずなのに、時が過ぎてしまえば大変だったことは忘れてしまって、2人目の子どもをついつい1人目と比較してしまう、そんな心理を自動販売機相手にも抱いていました。1台目を基準にしてしまうと、メーカーの異なる2台目がどうしても見劣りしてしまいます。ただ、2台目には、電子マネーで決済できるし、一度に3個の搬出ができるし、タッチパネルのモニターは動画を配信できるなど、1台目にはない機能があります。問題の多い自動販売機の視点に立って、気づくことがたくさんありました。台風にさらされても24時間販売を続けるだけでも、自動販売機はすごいです。手こずることも多いし、やりたいこともまだまだあるけれど、手間がかかるほど愛着は湧いてくるものです。

実を言うと、自動販売機は、来店したお客様に合わせて、あいさつできないのも、サービス業をしてきた自分にとって何か物足りないものを感じていました。お客様をセンサーで判別し、一人一人に合わせたあいさつのできる機能があるとワクワクします。決められ

たフレーズだけ話すのではなく、操作の苦手な人や子どもに対して対話のできる自動販売機です。東京ディズニーランドのキャストのような自動販売機です。今日のおすすめやお客様の困りごとを解決できるようなコミュニケーションツールもついています。でも、ないものやできないことをとやかく言っても仕方がないので、自動販売機の中や小屋の周囲に案内書きを貼って、情報を届けるよう努めました。

冷蔵の自動販売機を屋外に設置して1年以上が過ぎましたが、屋外に設置できる冷凍自動販売機が増えてくるなど、最近の様々な自動販売機の取り組みはとても面白いと思います。いっぽうで、すでに新500円玉に対応しない自動販売機もあり、硬貨読み取りシステムの入れ替えが必要になります。ちなみに私は、紙幣やコインがなくても利用できるようにと、電子マネーにも対応できるようにしました。紙幣やコインを取り扱うと、お釣りのコインの補充や、釣銭を用意するため、銀行で手数料を払うのが手間です。電子マネーの方が非接触で感染リスクを軽減するため、キャッシュレス化はありがたいです。将来的には顔認証による決済方法も研究されているようです。自動販売機は動かない、固定されているという概念もなくなるかもしれません。運転しなくても走る自動車と高速通信の技術を使って、自動販売機が玄関先まで商品を届けてくれる社会も、そう遠くない未来に実現するでしょう。

○ 真似されて損をする人と得をする人

一緒に働いていた人が独立してアイデアや技術を真似されたと聞いたことがあります。これについて、私の見解を書きたいと思います。もしも近隣で真似されて相手がより良いものを提供し、事業名や商品名まで真似されたとします。お客様が比較して良いものを選ぶのは当然です。どちらが先に始めていたとか、どちらが本家とか関係ありません。美味しい方や雰囲気のいいスタッフがいる方など、より勝っている方が選ばれると考えておけば、冷静に現状を分析できると思います。

もちろん事業名や商品名は商標登録しておけば、基本的に真似されても対処ができます。もしものトラブルを未然に防ぐために、県には知財の相談窓口があり、弁理士の話を聞くことができます。**真似されても困らないように、独自性は知財として守る**、これは大切な知識です。ただ、商標や特許をいくつも登録すると、起業したばかりの個人で費用を払うのは、大きな負担となります。それなら特許を申請するだけではなく、社内秘や企業秘密と呼ばれる方法で知財を活用する方法もあります。あなたにとってどちらがいいのか、知財の窓口や弁理士に相談すれば解決できるでしょう。

そもそも私はデザイナーでも芸術家でもないので、自分の仕事に独創性があるなどと思っていません。他人のインスタグラムを見ると、いつも刺激をもらって、私ならどうアレンジしようかなと考えています。もしも独創性豊かな「私だからできる」職人ビジネスを展開できたとしても、私一代で終わってしまいます。麺づくりの技術が私だけのノウハウで、他の誰も真似できないとすれば、再現性がなく、私はいつまで経っても麺を作り続けなければいけません。ですから手作りで職人の勘に頼る方法ではなく、小型製麺機で誰でも作れる方法を導入したのです。

ちなみに私は、「自動販売機内を衛生管理する方法」で、県の第70回発明くふう展、発明協会会長奨励賞を受賞しました。この発明は特許申請しているので、無断で使用できません。しかし特許を公開しているので、どなたでも真似したい人は、利用したいと連絡していただき、契約を結べば、使用できます。そして私は特許による収益を手に入れることもできます。知財を管理すれば、真似されることで収益に変えることができるのです。

私は真似する行為自体は悪いという認識が薄く、今までの経験からも、いいと思った部分は真似をして学び、自分仕様にアレンジしてきました（もちろん法律や道義を侵さない範囲で）。真似によって、オリジナルが不利益を被ることが問題なわけで、真似されるのはむしろ誇るべきことだと思っています。私の事業に限っては、自動販売機の設置が続いていますが、今のところ真似されたと感じた経験がなく、損害を被ってもいません。私の生パスタは、オゾン殺菌の特許で押さえてあったり、メディアで紹介されたりしているので、品質は真似できても、付加価値の真似はしにくいでしょう。しかしそんな実情はさておき、理想を言えば、不利益を被らない対策をとりながら、真似されやすいビジネスを構築するのが大切だと思います。

○品質は誰でも真似できる

では私の商品を真似されたらどうするか。私の真似をされたとしたら、どんなふうに真似をされているのか、やはり気になると思います。たとえば、ものまね芸人によって本家が再ブレイクすることもありますし、誇張されたもののまねによって、本家も気づかなかった特長や強みに気づかされることがあります。一見真似されるのは嫌なことなのですが、本家の受け止め方次第で、プラスにもマイナスにもできるのです。もし質の悪い模造品や駄物であれば自然と淘汰されていくので、気にかける必要もありません。

もしも品質が良く、私が目指す「笑いのある社会」にもつながって、私が食べたいと思うような生パスタを作る人が現れたら、それはむしろうれしいことです。さらに真似されると、自分だけでは気づけなかった長所と短所を他人から学ぶことができます。5歳になった自分の子どもが悪い言葉を使っているのを聞いて、「ああ、小さい自分がいる」と、普段の自分の言葉遣いにはっとさせられることがあります。自分自身を見ることができなくても、鏡に映れば客観的に自分を見ることができる、これが真似されることの利点です。

私が作っているのは、オリーブオイルが入っていない和風生パスタです。乾燥パスタでもないし、冷凍パスタでもありません。冷蔵生パスタで賞味期限10日の商品は他にありません。保存料が入っていない、作り立ての冷蔵生パスタということなら、今のところ私の独壇場です。類似品がないので、今のところ違いをアピールできます。ただ商品が有名になり売れれば売れるほど真似する人が出てくるのは当然ですし、改良品が出れば、お客様は新しい商品を選ぶことになります。私が独壇場と思っていても、類似品や改良品と並べば差別化は難しくなります。差別化については、高品質低価格路線で商品開発する古いマーケティング理論が書かれた本を読むと、昔と違って、今はもう一つ先を考えないといけないと思います。品質が真っ先に真似されやすいので、**品質以外の差別化**を図らないとお客様に選ばれないと私は考えています。

もしも私が手がけている生パスタを、パスタの本場イタリアで作っていれば、ライバルだらけになるかもしれません。しかし、私が住んでいるのは日本です。私は自分の目でイタリアを見たこともなく、修業に行った経験もありません。知らないことだらけで、本場イタリアではこうだからという知識は付け焼刃です。日本のパスタ屋さんはイタリア国旗を店頭に飾っていますが、私の事業にとってイタリア国旗は嘘っぽい気がしました。イタリア色を極力なしにして、パスタと言えばイタリアというイメージにつながらないように気をつけました。あえてイタリアの生パスタを作らない、これが差別化の1つです。

自動販売機で販売することも差別化の1つです。店頭の販売スタッフが売る方がとても一般的な方法です。販売員が必要な商品には販売員の人件費が含まれ、価格を上乗せしなければいけません。販売員の個性に依存するビジネスは、人の良し悪しで販売数が決まります。優秀な販売員がいなくなれば、売上は下がりますが、売上が上がるからと優秀な販売員を雇用すると、給与や待遇を上げることになります。しかし無人で販売できる自動販売機や通信販売の仕組みは、販売コストを削減し、販売員の特性や業績に左右されず、継続しやすい仕組みです。

真似したいというのは、取り入れたい、やってみたい気持ちが根底にあると思います。ですから、私のビジネスを取り入れたい、やってみたいと人の心を動かすほどのビジネスモデルに成長すれば、後継者も集まり継続しやすいと考えています。後継者がいないビジネスモデルよりも、後継者のいるビジネスモデルを私は選択したいと思います。

それから私が働かなくても、私が明日死んだとしても、世の中にいい商品が流通してお客様も困らないだろうと思えることもうれしいです。私が働かなくてもいいし、生パスタが流通するのはお客様にとってもいいことです。私は他の仕事に取り掛かる時間を作ることができます。私はまた別のことを考えて、新しいことにチャレンジしようと思います。

○やらないと決めたら途中でもやめる

生中華麺の次に、何を作るかと考えたときに、生パスタという選択肢が残ったと書きましたが、生うどん、石臼挽粉を使ったそば風パスタ、米粉を使ったビーフン（米麺）にもチャレンジしました。ビーフンは、フィリピンに滞在していたときに、何度もビーフン料理を食べていて、いつか作りたいと思っていました。

鹿児島県薩摩川内市には米の製粉会社があり、鹿児島の麺を作るなら、米粉はいいなと思って問い合わせました。米粉は小麦粉に含まれるグルテンが入っていません。つなぎの役割を持つグルテンがないので、米粉は麺にはなりません。一見製麺ができたように見えても、茹でると団子のようになってしまいました。また米麺は加水率を間違えて、製麺機をべとべとにしてしまい、清掃に1日かかったことがあります。日本のビーフンは添加物が入っている商品が目立ちますが、海外の米麺は、添加物を使わずに製麺できているので、何かやり方があると思っています。

小麦粉は原料のほとんどを国外に頼っています。国外の情勢によって価格が上がれば、税金を使って小麦粉の価格調整が行われるので、国民の負担は大きくなっていきます。小麦粉は国外に頼らず国内生産が増え、国外と同程度の価格になるとうれしいです。小麦粉は私たちの生活でとても身近な存在となっていますが、麺は小麦粉で作るものというのも一つの先入観です。もちろん日本の主食である米を原料にした麺の開発も行われています。小麦であれ米であれ国内産の原料を製粉して麺を作り、味や価格ともに消費者の納得感に応えるのも、私の取り組むべき課題です。

そば風パスタは、熊本県産の石臼挽きした小麦粉が原料で、パスタ色の黄色というより、そば風の薄茶色の麺が出来上がりました。そばアレルギーの人は、そば粉が駄目ですが、小麦粉なら問題ありません。試作した3種類の麺は米麺を除いて、どれも美味しくできましたが、自動販売機のアイテム数を増やしても、お客様が分散して、どれも売れ残ってしまうので、販売をやめました。結果として、小さなお子さん向けに食べやすい1・8ミリ丸麺のスパゲティーと、パスタ通が好みそうな6ミリ平麺のフェットチーネの2つに落ち着きました。他に、麺状にカットする前のロールに巻かれた生地をラザニア用として卸しています。

それから試してみたいのが、かりんとうです。今使用している製麺機なら、麺だけでなく、お菓子も作れるようです。たくさんの種類の麺を作りたい思いはあるものの、他の業務が多くて、一人では限界があり、商品開発は中断しました。放課後に一人、工芸室で電動ろくろを回して陶芸に没頭した幸せな高校時代をいつも思い出します。もしも麺作りだけに没頭できたなら、どんなに幸せでしょう。一人で起業したときはとりわけ、限られた24時間というリソースをどのように配分するかがとても重要です。もし麺の開発に時間を割いていたら、他の活動が滞っていました。**なんでもかんでも継続することは必ずしもいいこととは限りません。**途中であっても最後までやり切る必要はありません。やめる決断も大切です。

○バランスを崩すと前に進める

私の竹馬体験は小学生時代に自分の体を使って歩いたという実感のある体験なので、本章の初めに紹介しました。竹馬に上手に乗るコツは、恐れずに前に倒れることです。倒れるから、片足を前に進めます。倒れることを恐れて、直立不動している方が、バランスを取りづらいのです。自転車だって、ペダルをこがないまま、バランスを取るのは、とても難しいものです。竹馬に限った話ではなく、歩き始めたときのことも、自転車に初めて乗れたときのことも、当時の私たちは必死であたりまえすぎて忘れているように思います。忘れているのですが、幼児の4足歩行から、2足歩行になって、補助なしで歩き出すまで、何度も転んでいるはずです。転んでいるから今の私たちは歩くことができているのです。

バランスを取るために、前に進んでいるのです。逆に言うと、前に進めばバランスが取れるのです。でも繰り返しになりますが、前に進むにはバランスを崩すことが大切です。今までと違うことを始めるタイミングには、同じようなプロセスがあるのではないかと私は考えています。失敗を恐れていては成功できない。成功する人は、失敗も含めて受け入れられるから成功しているのではないでしょうか。

失敗は成功の一部であり、影のような存在です。失敗なく成功する人はいないというのが、私の考えです。この本の冒頭に書いたように、私は大きな怪我を経験しました。偉人伝を読むと、病気や怪我の話も必ずと言っていいほど出てきて、自分にはどんな災難がやってくるのだろうと想像していました。歴史上の著名人でさえ、成功を手に入れるためには、大きな災難が影として付きまとっているように思うのです。成功談にかき消されて、災難は忘れられていくのですが、当事者にとっては災難の方が心に残っているのではないでしょうか。

幕末の志士、西郷隆盛は、青年時代に腕を怪我して武術をあきらめています。それだけでなく2回も流罪になりましたが、それでも倒幕と明治維新で活躍した偉人です。西郷隆盛だけでなく多くの幕末の志士に多大な影響を与えた人物に陽明学の始祖、王守仁《おうしゅじん》がいます。彼は当時の中国の高級国家試験である科挙に合格した秀才で、兵法にも明るかったそうですが、肺病を患ったり、鞭打ち四十の刑罰を受けたりしたそうです。歴史上トップクラスの人物でさえ、大きな挫折や大失敗をしているのです。それに比べたら、自分の失敗など悩むだけ無駄と私は思うようになりました。

ちなみに陽明学は、「知行合一《ちこうごういつ》」「心即理」「致良知」の三つの説を中心とする学問です。学ぶだけで終わらせず、幕末の志士が倒幕や維新という偉業を成し遂げた行動規範の原動力になったと言われています。私の起業の原動力はどこにあるのだろうと振り返ると、坂本龍馬や西郷隆盛が愛読したと言われる『言志四録《げんししろく》』や陽明学に関する本に触れることができたことが大きいからと思います。行動の変化が必要だけど、今一歩踏み出せないと迷いを感じているときには、情報が不足しているので、本を読みます。すると偉人の決断が背中を押してくれるのです。

いや、でも、やはり失敗は怖い、と思うのなら、竹馬に乗って前に倒れてみてください。

倒れても、大怪我をするような失敗はないでしょう。**何度か倒れていると、そのうちどちらかの足がきっと一歩踏み出しています。**一歩踏み出してちょっとだけコツをつかんでバランスが取れたなら、もう一歩踏み出せるかチャレンジしてみてください。

起業している人は、誰よりも失敗を体験し、失敗からメッセージを掴み、成長につなげているのです。起業家になれば、おのずと痛い経験をする機会に恵まれます。痛い経験は、自分自身を高めることになります。結果、こんなに大変なのに、なんであの人は頑張れるのだろうかと、周りの人からは楽しい時間ややりがいを持って生き生きしているように見えるようです。とはいえ失敗の受け止め方がうまいのはポジティブの専売特許とは限らないでしょう。ポジティブで失敗の理由を受け止めず毎回同じ失敗を繰り返す人よりは、ネガティブでも原因を探し、同じ失敗を繰り返さないようにアップデートする人を私は信用します。

6章

継続しても変化しても冒険は続く

「継続は力なり」、これは小学校を卒業したときに担任の先生から送られた言葉です。小学生のときには年間３００キロの放課後ランニングを完走せず、大人になってからは転職してばかりだった自分には、継続なんて一番縁のない言葉だと思っていました。そんな私が２０２３年6月に製麺業で5年目を迎えました。たった4年間の軌跡ですが、継続が何より苦手な私にとっては大変奇跡的なことです。「石の上にも三年」とは、頑張って座り続けるという現在形や未来形の意思表示ではなく、座りやすい石を選んで、気づいたら３年座ってましたぐらいの過去形で使う方が、私は適切かと思います。石に座っている間、気負うことなく、その一事に専念できるからです。

○ 生パスタが鹿児島市の返礼品に

２０２２年の夏、鹿児島市ふるさと納税の返礼品登録が終わって、１か月目には5件の購入がありました。３か月目の9月には67件、５か月目には３０２件、12月にはなんと１０００件超えと、ものすごい勢いで伸びました。12月31日時点で、合計１４８７件。

2023年7月26日時点で3167件まで達しました。配送伝票の宛先に私の好きなドラマの原作者名を見つけたときは、著名な人にも食べてもらえている驚きとうれしさに感謝しました。気がつけば、ふるさと納税のホームページでは、1位のしゃぶしゃぶには及ばないものの、500を越える鹿児島市の特産品や伝統品の中で2位。われながら大健闘したと思います。さらにうれしいのは、地域の自動販売機として鹿児島市内で販売してきた生パスタが、遠く離れた北海道や東北地方からも選んでいただけたことです。

ふるさと納税の返礼品は、年が明ければ少なくなるのが通例らしいので、なんとかそれを克服しようと、10月中から翌年の企画を立てました。一度に食べきれない量が届くより、毎月食べられる量が届いた方が、楽しみが続いてうれしいのかなと顧客ニーズを考えました。一度の注文で3回お届けする定期便コースを作りました。年が明けて2023年1月、年末ほどの忙しさはなくなりましたが、それでも約109件の注文をいただきました。

お客様のコメントも43件いただき、5点満点の星評価で平均4・6点でした。美味しかったと書かれたコメントをいただき、作っていてよかったなぁと感謝いっぱいの反面、星評価が3点のコメントも2件ありました。カビが発生していたというコメントと、パスタソースも同封されていると勘違いさせてしまったコメントです。

1つのコメントは一人だけのコメントとはかぎりません。コメントしない10人のお客様が同じような意見を持っていると思いますので、通販のホームページを担当者と相談しながらすぐに見直しました。

保存料が入っておらず、他の生もの食材と同じように冷蔵で保管すれば、いずれはカビが生えます。1章に書いたように、カビが生えないようにと完全殺菌すると、小麦粉の風味がなくなります。風味を生かすために、完全殺菌しないパスタを作りました。冷蔵で生パスタを発送するので、条件によっては期限内であってもカビが生えることがあります。食べきれない分はすぐ冷凍していただくようにお願いしています。また購入の際の勘違いを避けるように、注意書きを入れました。

今まではメディアで紹介された実績を前面に紹介してまいりましたが、**ふるさと納税の人気ランキング2位という実績**ができたので、さらに営業活動に取り組みやすくなりました。昨年の実績から2023年の年末に向けて、返礼品の発送が増え、全体の生産量も増える予想です。一人事業ではなく、業務を分担する生産体制を準備しています。今はパスタ麺のみふるさと納税に商品登録していますが、オリジナルソースを開発してセットにしたり、パスタとは別に生中華麺を使った拉麺のセットを作ったりすれば、商品数を増やすことができ、さらにお客様にも喜んでもらえると考えています。

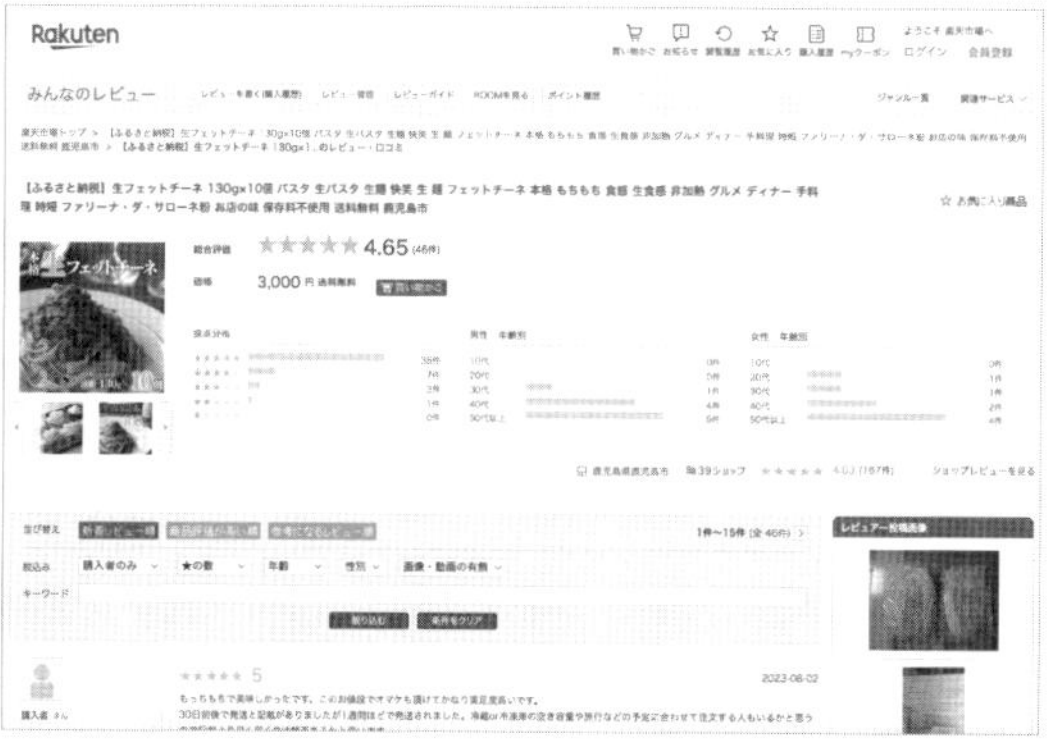

楽天ふるさと納税で高評価（2023年8月21日15:19閲覧引用）。
全国にも届いています。

○ 常に次のアクションを考える

遡って2022年は、1月に県主催のビジネスプランコンテストに登壇したところから始まりました。秋には、県主催の第70回発明くふう展で発明協会会長奨励賞をいただきました。「ナニコレ珍百景」でも紹介された、自動販売機内をオゾンで24時間衛生管理する方法です。詳細は2章と3章に書いたので省きますが、特許出願から3年が経つので、審査請求を出しました。また新しい拉麺店がオープンし、中華麺の新たな卸販売先ができました。2022年の暮れが近づく頃には、かごしま黒豚を使ったミートソースを開発した老舗のお肉屋さんに快笑の生パスタを選んでいただけたので、今では百貨店のお歳暮の品として全国へ配送されています。

鹿児島市では、2022年9月より新産業創出研究会部会ワークショップ「鹿児島市新規事業創出塾」の参加者を募集していました。新事業のアイデア創出から、事業の見極め、ビジネスプランを作成するまでの一連の流れを学ぶ体験型のセミナーです。全6回のワークショップで、毎回14時から17時まで平日の3時間を拘束されましたが、20名弱の参加者がいました。新規事業は個人で独立するケースだけとは限らず、社内であっても新規事業は存在します。また法人や個人の経営者だけではなく、独立起業を検討している会社員も参加していました。

私は、すでに生パスタで事業を立ち上げているわけですが、せっかくなので既存事業である「食」ではないテーマで話したいとグループメンバーに提案しました。自然が多い鹿児島県を車で走ると、景観の手入れがあまりされていないように、ときどき感じていました。また鹿児島には整備されていない滝が多くあります。そういった「川」という手つかずの資源を活用して、事業になるかどうかと検討しました。ディズニーランドの夜間清掃業務をしていたときは、指紋の跡が残らないように真鍮をピカピカに毎回磨いていたので、放置されている「川」が磨かれたらどうなるだろうと想像してみたのです。「川とその周辺」を整備して綺麗にしたいけれど、これから事業化するには、調べることが多々あり、具体的な課題と顧客イメージにまではたどり着きませんでした。それでも新規事業の話し合いをしながら、今までの事業と異なる枠組みで考えるよい機会になりましたし、すでに持っている生パスタ事業の成り立ちと重ねて、今までの生パスタ事業に漏れがなかったかどうか、振り返ることができました。

また鹿児島県でも、12月に県内の**地域課題の解決に向けた活動**を支援するため、NPO法人や地域コミュニティ等の団体とのマッチングを目的としたイベントがありました。各団体は5つのLINEのグループに分かれて、2か月後の報告会に向けてのミーティングを行いました。ちょうどふるさと納税の発送に追われる時期と重なってしまったので、ミーティングは聞くだけの参加でしたが、今まで知らなかった団体が、家庭子育て支援、高齢者や障害者支援、地域インフラ、地域資源、地域拠点の課題に対して取り組んでいると知りました。自分の生活する地域に対して、自分はどのような事業を作ったらいいのだろうかと、地域活動に取り組む団体の課題から、次の事業のあり方を考えさせられました。

製麺業で麺を販売していればいいんだと現状に満足するのではなく、すぐに事業化できなくても、次のアクションプランを模索して「今度はどんなことができるのだろうか」という気持ちで常に情報に対してはアンテナを張るようにしています。

○通信速度の進化と怖さ

総務省が発表しているデータによると、固定電話と5Gの最大通信速度を比較すると、1980年から2010年の30年間で10万倍になったと言われています。30年前が1データ1秒かかるとすれば、現代は10万データを1秒で取得できる時代になりました。データの取得を高速道路の料金所に例えると、2010年は1秒で通過できるのに対し、30年前は10万秒待つようなイメージです。1日は8万6400秒なので、1日かかったデータ取得を1秒以内で処理していることになります。10万秒はおよそ1667分、時間に換算すると約27・8時間です。

車の性能に大差がなく法定速度を守って走ったとして、高速道路の料金所を待たずに通過する場合と、1日以上待ってから通過する場合とでは、どちらが早く目的地に到達するかは明白です。高速通信は便利で快適というだけでなく、待ち時間の短縮にもなりますし、お客様とのコミュニケーションを円滑にするツールです。

2019年は世界初のWebサイト公開から30周年を迎えた年だそうです。当時そのとき全世界のWebサイトの数は約16億でしたが、2022年現在では約19億とたった3年で3億増えたそうです。世界人口がほぼ80億人ですから、4人に1人はWebサイトを持っている計算になります。毎日更新されているブログやSNS投稿を考えると、コンテンツ数は19億×N倍です。これだけ多くのホームページがあると、どうせ作っても見てもらえないのではないかと思うかもしれません。

パソコンやスマホ、インターネットを活用していない事業は、届ける情報の速さと量において圧倒的な差があるので、スタート時点で大変出遅れてしまいます。現代人が1日に触れる情報量は江戸時代の1年分、平安時代の一生分とも言われています。私たちは情報量の多い生活に晒されているわけですが、すべての情報を処理できているわけではありません。1つあたりの情報を処理する時間を短縮したり、捨てたりしているわけです。ですから、多くの情報の中から選んで見てもらうためには、お客様の時間を大切にした情報発信を心掛けないと、目に留めてもらえず選ばれない情報と認識されてしまいます。

自動販売機の補充をしているときに出会った人に聞くと、スマホで「パスタ」を地図検索したらヒットしたそうです。「生パスタ　鹿児島」と検索すると、私の生パスタ自動販売機が表示されていると実感しました。情報発信は、毎日発信できるなら発信するに越したことはありません。私は、製麺したり、自動販売機の補充をしたりと、一人で抱える業務が多く、十分に情報発信する時間を確保できていません。広報担当者のいる体制であれば、ライブ配信など情報発信を増やしていきたいと考えています。

○ソーシャルアバターで情報発信

店舗を探すときに使われる地図アプリで、利用頻度の高いのがグーグルマップです。しかしグーグルマップに営業時間やメニュー画像などの店舗情報が未記載のまま表示されていたら、来店頻度は確実に下がります。リアル店舗があるのなら、グーグルマイビジネスで店舗情報を登録しましょう。基本情報のほかに営業時間と駐車場の案内があるとうれしいです。営業中と確認して行ってみたら、営業していなかったなどということがあると、お客様満足度が下がるので、営業時間を変更したら、必ずグーグルマップも変更するようにしましょう。

インスタグラム、フェイスブック、ツイッターといったツールでは、主観的な投稿が目立ちますが、グーグルマップはお客様が自分の主観でお店の料理を投稿してくださっても、客観的な情報のように見えるのでお勧めです。ちなみに私はグーグルマップローカルガイドでレベル8です。レベル8だとグーグルマップの投稿者の中で上位10％に入るそうです。

1台目の自動販売機は製麺所と合わせて、グーグルマップにスムーズに登録できました。それに対し、2台目は登録できませんでした。なぜかというとグーグルビジネスプロフィールへの登録対象となるのは、基本的に営業時間内に顧客と直接対応するお店やサービスだからです。無人のコインランドリー、コインパーキング、レンタルオフィスは登録されないという主旨のメールがグーグルから届きました。確かに一般の自動販売機はグーグルマップで表示されていませんでした。既存の自動販売機とは異なる自動販売機であると丁寧にメールで送ったところ、グーグルマップに登録してもらいました。

インスタグラムは、世界観を統一することが大事と言われています。インスタグラムには、虫メガネのマークがあり、インスタグラムの運営側のアルゴリズムによって、アカウントに対して親和性のある投稿が表示されます。私は世界で投稿されている中で人気のパスタは何かなと関心があるので、いつも「いいね」をしたり、ストーリーズシェアをしたりしています。私の場合、世界のパスタのリール動画と画像ばかりになりました。インスタグラムの運営側にパスタのアカウントであると認識されているからです。インスタグラムアカウントのブランディンクはまだ手掛けたばかりで、3つのアカウントを試していますが、運営側に正確に認識されている変化を感じています。インスタグラムユーザーが私のアカウントを見つけたときに、プロフィールと投稿を見て、ホームページに行けるように導線を設計しています。

ホームページやSNSでプライベート情報を掲載し、好感度を上げるマーケティング手法も学びました。私は情報発信がそれほど好きでも得意でもありません。学ぶほどに、プライベートの時間と自分は大切にしたいと思ってしまい、SNSの世界観に自分のプライベートをどの程度投稿したらいいのかと悩みました。それでも、やっぱりSNSはやった方がいいと思い、ソーシャルアバターという考えを持つようになりました。ソーシャルアバターは仕事をしているときの私です。プライベートも関係なく、なんでも発信するのではなく、お客様の役に立つ情報発信を心掛けています。**仕事をしているときは、ディズニーランドのキャストと同じように役を演じる**、それだけです。なんとか工夫して仕事のときにも私人と極端に異なることがなく、バランスが取れていて、自分自身が納得のできる、そんなソーシャルアバターを設定できました。私の普段の態度は、異端児とか、天邪鬼とか、変わっているとか、人から言われがちですが、仕事のときには、そのキャラクターを生かした公人としての役割を演じるようにしています。

○生パスタを通して何を提供しているのか

ここまで読んでくださった読者の一部のかたは、時代の急速な変化と情報発信の重要性はわかったけれど、いったい何を発信したらいいのだろうかと悩むのではないでしょうか。まず伝えることに二の足を踏んでいる場合には、社会性や客観性のある情報発信を心掛けることです。社会性や客観性がなければ、独りよがりな情報発信と受け取られて、反感や炎上を招く可能性があります。逆に社会性や客観性があり正しいとしても、度が過ぎると心を閉ざされてしまいます。インターネットだからといって特別なことではありません。普段の対面で行う良好な対話と同じです。対面したときのコミュニケーションの延長にインターネットがあるだけです。

情報発信のネタに困ったら、お金のかからない範囲で困っている人の手助けやボランティアをしてみてはどうでしょうか。私が続けている社会貢献は献血で、20年かけて105回を超えました。ボランティアはもし続かなくても一度だけでもやってみると、異なる視点を体験しやすいです。誰もが見ているような一般的でありがちな視点とは別の気づきがあり、新しいアイデアが見つかります。でも特別なことではなく、あたりまえを考えてみれば、肩の力が抜けて、情報発信も難しいことではなくなると思います。

「3人のレンガ職人」というエピソードがあります。「仕事とは何か」を考えてもらうためのエピソードとして、新入社員研修や仕事始めのあいさつで使われる機会が多いそうです。「3人のレンガ職人」はこのようなストーリーです。旅人が、建築現場でレンガを積んでいる3人の職人に「何をしているのか」と尋ねます。1人目は、「見ればわかるだろう。仕方なくレンガを積んでいる」と答えます。2人目は「家族を養うために、レンガ積みの仕事をしている」。そして、3人目は「歴史に残る大聖堂を作っている」と答えます。この話から導かれる教訓は、これから働く皆さんは、人々の心のよりどころとなる大聖堂を建てようとレンガを積む職人のようになってくださいというものです。

私の起業動機から言えば、いきなり3人目のように立派な心構えはありませんでした。でも、4年目になってくると、少しだけ3人目の職人の気持ちもわかってきました。単純で飽きたり、指示されていやいや取り組んだりする仕事だってあるし、生活のために仕事を選べない時期は誰にだってあると思います。それでもいつのまにか心構えが変わってくるように思います。最初はわからなくても、少しでも長く続けるにはどちらがいいかと常に自問しているうちに、そんな気持ちが自然と醸成されてきた3年間だと思います。

やはり、自分のためではなく、相手の立場に立って、お客様や地域のことを考え、長期的な視点に立つ方が、事業は続けやすく成功しやすいと実感しています。相手の立場に立つというのは、言葉では何とでも言えます。私はどうしたら、相手の立場に立つことを態度で示せるかと考えた末、30代の営業時代には、お客様と自分の間に白い用紙を置いて、文字や数字をさかさまに書き、相手から見て、読めるように説明していました。書くたびに用紙をひっくり返す手間を省くので、説明時間を短縮でき、お客様にもスムーズにお話できました。

私はパスタを売るのと同時に、**購入者の課題解決を提供**しているのです。課題解決というとなんだか堅苦しく聞こえてしまいますが、たとえばこんなことだと思います。日曜日の朝、家族と一緒にパスタを食べる幸せを提供しています。レストランでは、腕を振るってお客様を喜ばせたいシェフの自慢のパスタとして役に立っています。地域の特産品がパスタソースになれば、新しい観光と食のニーズを作り出します。フランチャイズ化すれば雇用を作り、地域の経済を活性化させることができます。パスタは手段にすぎない、と考えれば、パスタに固執することはありません。物事の根本的な課題をよりフラットな視点で発見し、解決できるような気がします。

○楽しみ方のバリエーションを作る

パスタは麺が主役なのか、それともわき役なのかと考えたことがありますか？　パスタソースだけあっても、麺がなければ、誰もパスタとは言わないと思います。逆にパスタソースがなくても麺だけでパスタとわかります。ここから結論づけると、麺が主役でソースがわき役となりますが、普段はパスタソースのバリエーションを楽しんでいるように見えるので、じつはパスタソースが主役だと私は思います。レストランのシェフも料理番組もパスタを作るとき、乾燥パスタがあたりまえで、ソースのレシピにばかり気がいっているると感じています。私は、逆張りで、人がやらないことが好きみたいです。だからパスタソースを引き立てる麺を作るのは、まさしく自分の仕事にぴったりだと思いました。

わき役を立てる主役と主役級のわき役が演じるテレビドラマや舞台が面白いように、お皿の上でも、麺とソースが最高に絡み合わなければ、美味しい食事の時間はやってきません。どちらかが強すぎても弱すぎてもいけなくて、どちらが欠けてもいけません。

正直、私にとって、生パスタは生活の一部で、あたりまえになっていますから、今更初めて食べたときの感動はありません。ただ作り立ての麺の食感と、日を置いて品質の安定した食感はまた異なりますし、茹で時間によっても固さやモチモチ感が変わり、一つの麺でも、いろんな楽しみ方があるので、毎日のように食べても飽きません。一度食べてもらえたら、今まで食べていた麺と明らかに違うとわかってもらえると確信しています。保存料の入っていない麺のすばらしさ、生の食感をぜひ知っていただきたいと考えています。生パスタの良さは食べないとわかりませんが、無理やり食べてもらうなんてできません。新しい食品を販売するときに、知らない人に試食を薦めるのは一般的な方法です。私の場合、コロナ禍になって試食販売ができなくなったからこそ、自動販売機、メディア、ふるさと納税によって、注目されやすかったと思います。

世界のパスタを調べると、数百種類あるので、もっと多くの種類の麺を開発していくこともできます。自然が豊かな日本のロケーションに合うパスタのレストランが全国にできるとうれしいと思っていますが、それにともない、地域の特産品を活用して、地域の名前に由来するパスタソースを開発していく、そんな構想はどんどん広がっています。美味しい生パスタを提供することで、シェフやお母さんの調理に張りが出て役に立っているとうれしいです。いろんなパスタの日本一があってもいいと思いつつ、私が今願っているのは、生パスタを通して毎日の笑いを作ること、ただそれだけです。誰もが食べやすい生パスタで一番になる努力はこれからも続くでしょう。

○ 一人だけど一人じゃなかった

本書の執筆を進める中で、私個人の多面性について気づかされました。起業してからの取り組みに対して、自分の中のいろんな人格が携わり、業務によって必要とされる特性がおのずと表に現れていたということです。以下の説明は、あくまで私個人の傾向ではありますが、きっと読者の皆さんにとっても、何かの参考になるかもしれませんので、少しお付き合いいただければ幸いです。

本書の1章の私は「職人」です。通例の麺作りに保存料を使いたくないと商品開発にこだわり、美味しければ売れるんだよと、ものづくりに没頭する職人気質です。作るのが得意だけど宣伝や販売が苦手です。しかし「職人」がいなければゼロから作り出すことはできず、以下に続く人格が生きることはありません。逆に「職人」だけの人格であったなら、麺を作るだけの売れない麺職人で終わっていました。

2章は「アイデアマン」です。アイデアを出せる人は、常識や慣例を熟知したうえで、対立するアイデアを見つけたり、掛け合わせたりと応用していると思います。アイデアをゼロから作ることはとても難しいです。「アイデアマン」は多数派がふつう考えなくてもいいと思っていることを一から掘り下げ、想定外の案を提起するので、特に常識や慣例を守るような人からは面倒臭がられることもあります。

3章は「セールスマン」で、広報、営業、販売を担当します。黙っていたらお客様には何も伝わらないことを知っており、情報を届けるのが得意です。作るのが苦手で、どちらかと言えばコミュニケーション能力が求められます。「職人」が作った商品やサービスの段階では、まだ売れる商品やサービスに育っていないので、押し売りになったり、お客様に断られてしまったりして、「セールスマン」自身は自分ではいい商品と思っていても、うまくいきません。「アイデアマン」が作った差別化や独自性を社会性に落とし込んで情報発信をすると、売れる商品に育ち、受け入れられやすくなります。

4章と5章の私は、「経営者」であり、「起業家」です。ときに判断力が求められる管理者となり、ときに決断力が求められるリーダーの役割を演じます。管理者は状況に合わせて「職人」として麺作りに集中したり、「セールスマン」としてメディア取材を受けるときには、広報、営業、販売の役割を切り替えたりしています。

規模は小さいものの、いろんな役割を体験しました。**体験することで、業務の要所を把

握し、引き継ぐ人の立場になって仕事ができます。これからはそれぞれの役割に合う人材を雇用し、私よりも上手に仕事をしてもらいたいと考えています。

○一人でも働きやすい仕組みを作る

日本は高齢化と人口減少の時代を迎えています。2022年9月15日現在、国立社会保障・人口問題研究所の推計によると、日本の65歳以上の高齢者人口は3627万人となり、総人口に占める割合は29・1％と過去最高となりました。さらに、1947年～1949年生まれの「団塊の世代」が2022年から75歳を迎え始めました。私は、第2次ベビーブーム期（1971年～1974年）に生まれた世代ですが、その世代が65歳以上となる2040年には、高齢者人口が全体の35・3％になると見込まれています。

毎年生まれる赤ちゃんの人数などから人口動態を予測すれば、2048年に9913万人と1億人を割り込み、2060年には8674万人まで減少するとされています。歴史を遡ると、江戸に幕府が開かれて100年後、バブルな元禄文化があり、その後幕末まで人口は約3000万人台で停滞する時期がありました。停滞した人口は明治時代に再び増え始めて、1960年代には1億人を超えました。ちなみに日本は国土面積が世界61位で、人口ランキングは12位（2023年）です。世界的に見ると国土が狭いわりに人口の多い国です。

日本人の人口が減り、労働人口が減るからといって、生産性が低下するとは限りません。もちろん旧態依然とした体質のまま、お客様を増やそうとする事業を続けていると、生産性の低下に直面するでしょう。機械を導入するなど効率化すれば、たとえ人員削減をしても、生産性は維持できます。サービスの質が維持されているならば、お客様はそのサービスを使い続けてくれます。

最近はDXという言葉を事業改善のキーワードとして耳にする機会が多いです。ご存知のようにDXとは、デジタルトランスフォーメーション（Digital Transformation）のことで、データとデジタル技術の活用により企業を変革し、競争力の優位性を保っていくことです。お客様と接する時間を作らずに、お客様の要望を集められる仕組みが欲しいと考えていた私は大いに関心を持っていました。

特に自分の商品とサービスを使ってもらえるお客様のデータを集めるために、インターネット広告のAIが最適化するシステムと、お客様と対話のできるAIコンシェルジェのシステムを考えていました。20社ほどとインターネットで打ち合わせをし、情報を集めましたが、システムのバージョンアップと費用対効果を考えると、事業規模に合うようなシステムは残念ながら見つかりませんでした。しかし人口が減少する日本で、少人数の体制で勝ち残るためには、事業を最適化できるデジタル技術の導入は欠かせないと思います。

DXのような本格的なデジタル化とまでは言えないかもしれませんが、私は事業を効率化するために、製麺機、自動販売機、インターネットを活用しています。製造は小型製麺機によって、販売は自動販売機によって、情報発信はインターネットによって、一人でも戦える環境を整えました。製麺所は私一人だけが作業できる広さで、歩かずに作業ができて、すぐ手が届くところに欲しいものがある理想の職場です。3年経つと生産量が増えて、月に数回、妻に袋詰めを手伝ってもらっていますが、体がぶつかってしまうほど手狭な作業場なので、他人が入って作業する余地がありません。起業したばかりで人を雇用しなくてもここまでやってきましたが、一人の限界も感じてきました。また県の業務委託募集に落ちたときにも、切に組織化の必要性を感じました。

○創業者が退場できる事業を作る

創業者が長く経営に携わった会社が次世代に引き継がれたときに、先代と次世代が対立するニュースを聞くたび、次世代に譲ったら先代が退場するのが一番だと考えています。

「織田がつき 羽柴がこねし 天下餅 すわりしままに 食うは徳川」のように、起業家は、織田信長や羽柴秀吉の役割だと思うのです。徳川家康が天下泰平の世を築く次世代なら、先代的立場の織田信長と羽柴秀吉は役割を終えて、退場するのが自然なことだと私は思っています。

自営業、フリーランス、個人事業主は自分が経営者ですから、働くのも休むのも自分で決められます。一日中働くこともあればまったく仕事をしない日もあり、自分でコントロールできる生活を送っています。もっぱら一人であれば非対面で安全ですし、会社に勤めるより自由な時間が多いです。私は、製造部門、販売部門、広報部門をすべて一人でやっています。自分でやっておかないと、各部門を誰かに任せたとき、働く人の気持ちを本当に理解することができません。組織化するために、自ら体験しているのが、今の段階です。今は業務の逐一を体感する時期だから、朝の5時起きとか、夜中の24時に働くとか、これでいいのだと納得していましたが、こんな不規則な仕事は他人に任せられるわけがありません。そろそろ人に任せられる態勢になるよう業務を整えていくことを視野に入れ始めました。

これからやりたいことを実現させるためには、今の仕事を誰かに代わってもらわないと新しいことに手が付けられません。ですから、今の仕事にしがみつくことではなく、私だけしかできないことは極力少なくしていく方向で事業設計するように普段から気をつけています。これを少しずつ組織化していくことが課題です。組織化していけば、県の業務委託に採択されやすくなるというメリットもあります。起業家は何でも自分で取り組みますが、経営者になれば、雇用して仕事を他人に任せられるように、自分自身を変えていく必要があると考えています。

今後事業が継続できるかどうかは、人を雇って働きやすい仕組みを作れるかどうかにかかっています。各部門専属で働いてもらうのではなく、すべてのメンバーが各部門の業務を一通りできる体制を想定しています。誰もが同じクオリティを提供できる働き方になると、誰かが休んでもカバーできます。また販売や広報をするときに製造の知識があればより具体的な説明ができます。逆にお客様の声をフィードバックして商品開発すれば、売れる確率が上がります。ですから得意だからという理由だけで、人に仕事をつけることはせず、未体験で不得意だとしても誰もがどんな仕事でもできるような体制を考えています。

予定通りにいかなかったり、失敗したりしたら、どうするか？　怪我をしたら病院へ行くのと同じで、治療のあとで再スタートを切ればいいのです。冒険する時間は減っていきます。継続しても変化しても冒険は続くのです。

おわりに

本書の原稿を書き終えた3月、6歳の息子は2つの卒園式を経験しました。大きくなったら何になりたいか。保育園では「ハウルの動く城」、療育施設では「おとうさん」と発表していました。「ハウルの動く城」は人でも職業でもないと、つっこみたくなりましたが、粘土造形をしたり、絵を描いたり、ジグソーパズルに取り組んだりと、「ハウルの動く城」熱は止まりません。昨日DVDを見たばかりなのに、夢にまっすぐな6歳の息子は、今日も見たいと涙目でお願いしてきます。

○ 最初に名前がある

「お父さん、僕の名前は何で大輔なの」って聞くと、父は、「それはね、生まれたときに『大』の字だったからだよ」と言いました。本音だったのか、それとも照れ隠しだったのか、今となってはわかりません。答えを言わない父のおかげで、私は名前の意味を考えさせられました。

ここまで挑戦と失敗のエピソードを書いてきましたが、事業名の命名は挑戦と失敗が許されないことだと思います。もちろん古典芸能の世界のように名前を変えていくことで、箔がつくケースもあります。商品やサービスは変更できても、事業名を変えてしまったら、今まで積み上げた実績がリセットされるリスクがあります。ですから、途中で変えることがないように事業名を最初に考えることは大切です。

ときおりあなたのとこの事業名は何で「快笑」なんですかと聞かれることがあるので、私の考える事業名について書きたいと思います。中華麺を作って起業したのは、拉麺特集の雑誌を眺めた夏から10か月後の２０１９年6月でした。個人事業主としてスタートするときに、まず開業届を税務署に提出します。そのとき、はて事業名をどうしたらいいかと悩みました。私は肩書が嫌いで、事業名もいらないと最初は思っていました。でも、そんなわがままを言ったら、私の事業を誰も知ることができません。仕方なく考え始めると、適当に決めることもできず、さらに考え続けました。頭の中で考えてもネーミングが決まるわけがなく、ほかの人はどんなネーミングをしているのか、街の看板を眺め、パソコンでググって調べました。すると苗字や地名を入れる、事業の実態を入れるなど、名称には様々な特徴がありました。

子どもの名前を考えるくらい悩んで、決めた事業名は「快笑」です。事業の基準は「笑い」、手で触れられるようなものではなく、心構えのような名称です。事業を進めていくとどちらかに決断しなければいけない、選ばなければいけないときが必ずあります。そのときに「どちらがお客様にとってても自分にとってもか〝快笑〟か」と自分の心に問いかけます。「生パスタ」を提供しつつ、食べていただいたあとの皆さんの驚きと笑いの瞬間をいつも思い起こさせられるようにと考えました。

また、名前というのは同音異字の語句があった場合、意味が悪い方のイメージに引きずられがちです。快勝、甲斐性、解消など同音の語句も一通り調べました。

しかし「快笑」だけでは、生パスタや生麺の事業だと伝わりません。何の事業かとわかるように、生麺の製造販売に関しては、「生麺快笑」としました。いずれ「生麺」という名称を外し、「快笑」と言えば生パスタや生麺の事業だよねと認識されたとき、これはブランディングとして大成功です。今後も生麺事業が拡大するとは限りません。生麺事業を縮小したり、他の事業に展開したりする場合もありえます。そのときは、「〇〇快笑」にして、精神はそのままに、新しい商品やサービスに取り組める命名にしました。

「笑い」にもいろんな笑いがあります。私個人が笑いのイメージはいいものだと思っていても、人を馬鹿にする嘲笑や冷笑のように、笑いに対してネガティブな印象を持ってしまう人がいるかもしれません。より多くの人へわかりやすく伝わるように、誰もが間違わずにイメージするために笑いの上に「快」をつけました。快をつければネガティブなイメージを持つ人の誤解を受けにくくなり、笑いのイメージを1つの方向にまとめることができます。

快笑のイメージにたどり着いたのは、第1章でも紹介した映画「パッチ・アダムス」のおかげです。ベッドに寝たきりの子どもたちの前で医療器具とダンスをするシーンやパスタのプールに飛び込むおばあちゃんはファンタジーのようなエピソードです。協力者がいなくてもOK。周りの人たちがNOと言っても、やりたいことを自然体で貫く。特に頑張っている素振りが感じられない主人公の態度がお気に入りです。見るたびに心から笑っている自分がいて（快笑！）、実話の本人も、映画で主人公を演じたロビン・ウィリアムスもとても好きです。

さらに、「快笑」という事業名には隠し文字が入っています。隠し文字のヒントは、『南総里見八犬伝』から着想を得ています。『南総里見八犬伝』には「礼」の玉を持つ犬士、犬村大角が登場します。妖怪を退治し、父一角の弔い合戦をします。父の名を受け継ぐときに一角は妖怪が一度使った名前なので、「人」の文字を入れて「大角」にしたのです。事業は人がいないとできません。ですから「人」の文字が隠れている漢字を探しました。快笑のどちらにも「人」の文字が隠れています。私は、人と人のあいだに笑いができるような事業を作りたいと考えているからです。

○　お客様に届けたいものを事業名にする

起業当時は「快笑の生パスタ」について、税務署、取引先、商品シールなど事務的なことに使うだけで、誰にも「快笑」の意味を説明していませんでした。「快笑」が生パスタとどのようなつながりを持っているのか、私自身十分に理解していなかったからです。簡単に見つかるだろうと考え始めて、やっと決めた事業名こそ、最初から「私が何をやりたいのか」明確に表現していたのですが、それが腑に落ちるまで3年かかりました。

生パスタを通してお客様に「快い笑い」を届けたい、だから「快笑」なんです。提供する商品の先にあるもの、お客様が手に入れるものを事業名にすると、会社の名前を伝えるだけで、事業のイメージも一緒に伝えることができます。ビジネスに関係なく、人間同士でも自己紹介が大切なように、コマーシャルを見ると必ず事業名が出てきます。事業名がなかったら、当然ながら、どこのコマーシャルかわかりません。長くお客様の心に残る事業は「名無し」であってはいけません。お客様が潜在的に求めていて自分が提供できるもの、それが事業名のヒントになります。

ブランディングの起源を調べると、「焼印をつける」という意味を持つ「brandr（ブランドル）」が「ブランド」になったそうです。印をつけて他の類似品と明確に区別することによって、人々に選ばれるようになるのです。

ブランディングは、お客様に選ばれるまで伝え続ける活動が必須です。そして一度認知されたら終わりではなく、いつまでもお客様の心に残るように、日々の積み重ねによって、ブランディングは出来上がると考えています。お客様に覚えてもらう、忘れられないようにする活動のすべてがマーケティングです。ブランディングは、マーケティングの一部で、事業を継続させるために、とても重要な視点です。

私は最初から始めるのが好きです。ですから、起業したばかりの今がどんなに大変でも、楽しく過ごしています。「●年の老舗」、「創業明治●年」と新聞に紹介されているのを見ると、継続しているその1点が真似のできないブランドなので、嫉妬心を感じますが、老舗も最初は新規事業でした。30年、１００年と続く事業には、秘訣があります。私もそんな創業者になりたいと思っています。30年続けていれば、事業方針が変わることだってあります。世界的自動車メーカーのトヨタはもともと織機会社でした。

私は時代に合わせて、適切な商品を選択すればいいと思っていて、生パスタや自動販売機といった手段に固執する必要はないと考えています。世界中の小麦粉がなくなってパスタが作れなくなったとしても、快笑に立ち返って、継続できるような事業名にしました。どんな商品であれ、お客様に快く笑ってもらえるかどうかを大切に事業の礎を作っています。その手段として、今は生パスタがあり、自動販売機とふるさと納税があります。快笑をお届けするために、私は生パスタを販売しています。

起業は誰でもできますが、誰でも続けられるわけではありません。起業するときの熱いドキドキ感や継続するための冷徹なヒントが、この本の中で見つかれば幸いです。事業を続けていくためには、今まで関わりのないようなお客様の課題を見つけるなど、少しずつ自分の視座を上げていくことだと思います。視座が上がると、より高くて見晴らしのいい場所にたどり着いていることでしょう。視座を高くするには、裾野の広さが関係しますが、これは高層ビル型か富士山型かで個人差があると思います。自身の50年を振り返ると、私は、様々な体験を経ておのずと裾野が広がった富士山型のような気がします。裾野を広げるには目の前にある課題をまずやりきることです。やりきっておかないと、仕事が変わっても同じ課題が必ず立ちふさがります。見晴らしのいい場所に行きたい気持ちをあきらめずに持ち続けていれば、苦難があっても、きっと乗り越えられます。

最後に、1つご提案です。たかが事業名、されど事業名。事業名だけでも、私はこれだけ考えました。貴方も事業名を見つけることから始めてはいかがでしょうか。あなたがたどり着きたい見晴らしのいい場所を事業名にしてみてはどうでしょう。考えるだけなら、お金もいらないし、場所も選びません。さらに楽しいです。事業名から、あなたのこれからやりたいことが見えてきます。きっと。

○ 起業は地域を明るくする

さて、この本は、2019年6月の起業から2023年の3月までの出来事を主軸に、私なりに起業の試行錯誤や達成への道筋を書いたものです。まだまだ模索の日々ではありますが、これからどのようなステージに進むのかといえば、私は2つの事業構想を考えています。1つは「生麺快笑」、生パスタの製造販売です。こちらはすでに書いた通り、生パスタを通して皆様に快笑を届ける事業です。もう1つは「企策快笑」と言います。「企策快笑」は生パスタから始まった企画策定のノウハウを地域創生に生かしていく新事業です。生麺快笑だけでは解決困難な課題に取り組むため、メディアPRや補助金を活用し、一人でも多くの起業家や経営者と楽しく町を創る事業です。

本編で触れた県や市のイベントに参加して、地域の課題を知ると、一人ではわからないことや手の届かないことが多々ありました。若年労働者が都市に働きに出てしまい、地方が過疎化する現象もその1つです。地方在住者にとって残念なことですが、捨てるような気分で町を飛び出しても、気が変わったときに帰ってくればいいと、私は思っています。地域で働いて生活する手段として、私の起業は1つの選択でした。話題になれば、まず地域が明るくなりますし、そのまま魅力ある地域創りにつながるように感じています。

起業当初は、一か八かではなく、撤退も視野に入れ、お金と人材を最小限に抑えて、実績を積み上げてもらいたい。本書に書いたお金をかけずにお客様に知っていただく方法を使えば、挑戦しても失敗の確率を下げることができます。相手の立場に立って、相手が求めている商品やサービスを、あなたが創りたくなったときに、起業に応用できるような試行錯誤のヒントを、本書から1つでも見つけていただければ幸いです。

最後に、生パスタで起業してまもなく4年、おかげさまで地方の魅力を創り、人が集まるような事業にしたいと、そんな心境に成長する機会をいただいたことに感謝申し上げます。これまでに出会った皆々様、本書刊行にご尽力いただいた出版関係者の皆様、本当にありがとうございます。そして、これからも末永くよろしくお願いします。

強矢大輔

強矢大輔（きょうや だいすけ）

快笑 代表　@namamenkaisho

URL　https://namamen-kaisho.jp

地域起業家。製麺機職人。認定PRプロデューサー

生パスタの自動販売機の成功が全国に紹介され、ふるさと納税の大ヒット返礼品を生み出すなど、新たな発想で地域の魅力創りに取り組む。1972年福島県浪江町生まれ千葉県我孫子市育ち、現在鹿児島市に在住。大学在学中は、東京ディズニーランド勤務や混声合唱サークル活動にいそしむ。震災ボランティアとボストン一人旅の体験から価値観が広がり、何事にも楽しみながらチャレンジするやりがいを知る。サービス業、通信業、流通業、清掃業、製造業など様々な業種を経験したのち、製麺機職人として2019年に起業し、親族の経営するラーメン店の課題解決と応援に取り組んでいる。生パスタ麺の自動販売機事業は、テレビ番組「所さんの学校では教えてくれないそこんトコロ!」「ナニコレ珍百景」など多数のメディアで紹介される。ふるさと納税では、登録１年弱で3000件を超える返礼品受注実績を達成。鹿児島市の楽天ふるさと納税ではレビュー獲得数が一番多く、好評価を得ている。生麺製造と企画策定の事業を通して、地域活性化に対し積極的に貢献中。

生麺快笑 HP

鹿児島県《かごしまけん》で私《わたし》が始《はじ》めました

生《なま》パスタは自販機《じはんき》で

人生《じんせい》を楽《たの》しくする起業《きぎょう》のヒミツ、
全部《ぜんぶ》書《か》きました！

2023年9月25日　初版第1刷

著者　強矢大輔《きょうやだいすけ》
発行人　松崎義行
発行　みらいパブリッシング
〒166-0003 東京都杉並区高円寺南4-26-12 福丸ビル6F
TEL 03-5913-8611　FAX 03-5913-8011
https://miraipub.jp　mail：info@miraipub.jp

編集　水木康文
ブックデザイン　則武 弥（paperback Inc.）
発売　星雲社（共同出版社・流通責任出版社）
〒112-0005 東京都文京区水道 1-3-30
TEL 03-3868-3275　FAX 03-3868-6588
印刷・製本　株式会社上野印刷所

ISBN978-4-434-32732-2 C0034